体育与健康课程实施策略的研究

程亮亮　王也夫　周　舟　著

全国百佳图书出版单位
吉林出版集团股份有限公司

图书在版编目（CIP）数据

体育与健康课程实施策略的研究 / 程亮亮，王也夫，
周舟著. -- 长春 : 吉林出版集团股份有限公司，2024.
6. -- ISBN 978-7-5731-5320-3

Ⅰ. G807.4

中国国家版本馆 CIP 数据核字第 20249SM618 号

体育与健康课程实施策略的研究

TIYU YU JIANKANG KECHENG SHISHI CELÜE DE YANJIU

著　　者：程亮亮　王也夫　周　舟
责任编辑：沈丽娟
技术编辑：王会莲
封面设计：冯冯翼
开　　本：787mm×1092mm　1/16
字　　数：195 千字
印　　张：10.5
版　　次：2024 年 6 月第 1 版
印　　次：2024 年 6 月第 1 次印刷
出　　版：吉林出版集团股份有限公司
发　　行：吉林出版集团外语教育有限公司
地　　址：长春市福祉大路 5788 号龙腾国际大厦 B 座 7 层
电　　话：总编办：0431－81629929
印　　刷：长春新华印刷集团有限公司

ISBN 978-7-5731-5320-3　　　　　定价：63.00 元

前　言

　　体育课是学校课程体系的重要组成部分,在教育制度深入改革和不断发展的今天,体育课程也同样面临着艰巨的改革任务。新的体育课程标准在紧张地进行实验和推广,体育与健康课程作为高校体育教育专业的基础理论课,是课程论与教学论的合称,是对课程论与教学论两个相对独立而又内在关联的学科按照体育教育专业培养要求进行必要整合的产物。

　　体育教学课程是培养学生强健的体魄,因此也必须走体育教育与健康教育相结合之路,使学生能够明确学校体育健康教育在学校教育和全民健身战略中的地位和作用,正确理解学校体育健康教育工作的目标,提高学生的综合素质。这样,才可以更好地为今后开展学校的体育教育和健康教育工作服务,真正实现学校体育课程改革的目标和要求。教学实践证明:精心创编和合理运用体育运动,可以丰富体育教学内容,激发学生学习、训练的自觉性和积极性,从而不断地增强学生身体素质、熟练掌握基本技术、提高训练水平,达到良好的教学效果,保证教学任务的完成,是一种积极有效的手段。

　　本书内容体系完整且语言简洁易懂,便于读者对体育与健康课程实施策略进行全方面的了解及获得全新的认知。本书共分为九章,具体内容包含:高校体育与健康课程标准内涵、内容标准分析与实施、教学策略改革、教学方式改革、体育与健康校本课程的资源开发与利用、有效体育教学实施策略、体育与健康课外拓展策略、体育课外活动实施策略、体育与健康主体教育策略。本书具有理论与实践相结合的特点,针对体育与健康课程的多方面进行详细的分析与研究,可以使读者对体育与健康课程的理论知识与实践经验进行深入及细致的了解。

本书在创作过程中,作者参阅了许多国内外学者的著作,在此表示衷心的感谢,由于创作过程中水平有限,书中难免有疏漏或不足之处,敬请各位读者批评指正!

目　录

第一章　高校体育与健康课程标准内涵

《中共中央国务院关于深化教育改革全面推进素质教育的决定》指出："健康体魄是青少年为祖国和人民服务的基本前提,是中华民族旺盛生命力的体现。学校教育要树立健康第一的指导思想,切实加强体育工作,使学生掌握基本的运动技能,养成锻炼身体的良好习惯。"高校体育课程标准强调课程的实践性特征、整体健康观和育人的功能,突出学生的主体地位,建立新的课程目标体系和评价体系,注重教师教学方法的多样性和学生对教学内容的选择性,使课程有利于激发学生的运动兴趣,培养学生坚持体育锻炼的习惯,使之形成勇敢顽强和坚韧不拔的意志品质,促进学生在身体、心理和社会适应能力等方面健康、和谐地发展,从而为提高国民的整体健康水平发挥重要作用。

第一节　高校体育与健康课程的理论基础

一、心理学基础

心理学对体育与健康课程的影响主要体现在课程目标的设置、课程内容的选择和课程教学的实施等方面。例如,在设置体育与健康课程目标时,应制定出既超出学生的现有水平,又能够通过体育与健康课程的学习达到的目标;在选择体育与健康课程内容时,不仅要充分考虑体育与健康知识和技能的难易程度,还要注意这些知识和技能对学生所提出的挑战程度,以激发他们的学习动机;在实施体育与健康课程的教学时,应"以学生的发展为中心",注意学生的心理发展规律等。总之,在"以人为本"的新课程理念的指导下,应更多地从心理学角度来探讨体育与健康课程的有关问题。

(一)行为主义理论

行为主义理论也称刺激—反应学习论。该理论认为,学习者的学习是其对刺激情境的反应,并将学习者学到的行为解释为刺激与反应之间的联结。该理论的代表人物斯金纳(B. F. Skinner)认为,要将学习内容按照一定的逻辑顺序组合起来,引导学习者循序渐进地去掌握。该学说对早期的程序教学理论和实践产生了重要的影响,对传统体育教学中动作技能的学习具有重要的理论价值。简单地说,动作技能的学习就是进行动作示范,要求学生"跟我学",然后对学生的动作展示进行评价,给学生提供强化(正强化或负强化),促进学生有效地学习和掌握动作技能。高校体育课程标准强调课程评价的反馈与激励功能,则是建立在此基础上的。行为主义理论虽然对传统体育课程的教学产生了重要的影响,但该理论存在的动物性与机械性缺陷,决定了其固有的简单性和外在性,所以在指导课程设计方面存在着一定的局限性。

(二)认知主义理论

行为主义理论认为学习者的内部心理结构是无法探知的。针对这一观点,认知主义理论则认为,学习者的心理结构不仅可以探知,而且是影响学习的决定性因素。认知主义理论既强调外在的环境刺激,又强调内在的心理因素,而且把重点放在两者的结合上,主张学习是将外在事物的结构内化为学习者内在认知结构的过程。认知主义理论对体育教学的影响同样体现在动作技能的学习中,认为动作技能的学习主要分为动作技能的认知阶段、动作技能的联结阶段和动作技能的自动化阶段。学生只有通过不断地练习和认知,熟悉动作技能之间的内在联系,最后达到自动化阶段,才表明学习结束。因此,高校体育课程标准强调,要根据学生的认知特点选择教学内容,以便学生能更有效地掌握运动知识和技能,获得成功体验,增强体育学习的自尊心和自信心。

(三)建构主义理论

建构主义理论提出,世界是客观存在的,但对于世界的理解和意义赋予却是由每个人自己决定的。由此可见,建构主义理论关注的是学习者如何以原有的经验、心理结构和信念为基础来建构自己独特的精神世界。该理论指导我们在设计体育与健康课程时,要注意时刻以学生为中心,根据学生的身心特点建构课程内容,根据学生的学习和生活经验实施课程教学,并用灵活多样的教学手段激发学生的学习兴趣,以满足学生的实际需要。

建构主义学习理论强调真理的相对性,重视认识的主观能动性。这相对客观主义而言进了一步,但在根据该理论设计与实施体育与健康课程时,我们还要注意避免因过于强调相对性而导致真理观的相对主义。

(四)人本主义理论

人本主义理论从一个全新的角度剖析了教与学的关系,强调在教学过程中学生自我实现的心理历程,提倡真正的学习应以人的整体性为核心,强调“以学生为中心”的教育理念,认为学习的本质应是促进学生成为全面发展的人。该理论认为,学生有自我发展的潜能,学什么,如何学,进度怎么安排,都可以通过学生自己来决定;教学成败的关键不在于教师的专业知识与教学技巧,而在于人际关系与情感态度。对体育与健康课程影响比较大的主要是以罗杰斯为代表的人本主义理论,这种影响主要体现在以下几个方面:

1. 充分发挥课程的“育人”功能,促进学生全面和谐发展

罗杰斯追求的不但是全面发展的教育,而且是面向未来社会需要的和谐教育。他认为,学校教育的目的在于培养“能从事自发的活动,并对这些活动负责的人;能理智地选择和制定方向的人;获得有关解决问题知识的人;能灵活地和理智地适应新的问题情景的人;在自由地和创造性地运用所有有关经验时,融会贯通某种灵活地处理问题的方式的人;能在各种活动中有效地与他人合作的人;不是为他人的赞许,而是按照他们自己

的社会化目标工作的人"。著名科学家爱因斯坦也曾说过:"学校的目的始终应该是:青年人在离开学校时,是作为一个和谐的人,而不是作为一个专家。……仅仅用专业知识育人是不够的。通过专业教育,他可以成为一种有用的机器,但不能成为一个和谐发展的人。要使学生对价值有所理解并产生热诚的感情,那是最根本的。他必须获得对美和道德的鲜明的辨别力。否则……不像一个和谐发展的人。"

在这种观点的指导下,体育与健康课程根据三维健康观和体育自身的特点以及国际体育课程发展的趋势,以"健康第一"为指导思想,以"……学会体育学习及其评价,增强体育实践能力和创新能力;……发展良好的心理品质,增强人际交往技能和团队意识;具有健康素养,塑造健康体魄,提高对个人健康和群体健康的社会责任感,逐步形成健康的生活方式和积极进取、充满活力的人生态度"为课程总目标,划分运动参与、运动技能、身体健康、心理健康和社会适应五个学习方面,使课程内容更具有弹性、可操作性和适应性,从而促进学生在身体、心理和社会适应能力等方面健康和谐地发展。

2. 重视意义学习,强调非认知因素的重要性

罗杰斯将学习分为机械学习和意义学习两类,前者主要指死记硬背那些没有生气、枯燥乏味、无关紧要、对学生的个人发展无实际意义的知识,后者主要指那些能影响学生的行为、态度、个性以及选择未来行动方针的学习。在学习的方式上,罗杰斯主张意义学习,认为"意义学习把逻辑与直觉、理智与情感、概念与经验、经验与意义等结合在一起。当我们以这种方式学习时,我们就成了一个完整的人"。他还认为,要想使学生的学习活动生动活泼且有意义,就应该让学生自由地学习,而不是教师"填鸭式"地强迫学生学习那些枯燥无味的教材内容。在罗杰斯看来,让学生在实践中学习,是促进学习最有效的方式之一。

在意义学习的指导下,体育与健康课程开拓创新,改革课程内容,将那些对学生的终身发展毫无意义的、竞技性较强的、学生既难以学会又不感兴趣的内容予以舍弃,精选适应时代要求的、有利于学生健康发展的体

育与健康基础知识、基本技能和方法作为课程内容;改变过去单一的灌输式教法,改变过于强调讲解、示范的教学形式,关注学生的学习兴趣与需求,创设有利于学生主动参与、乐于探究、勇于实践的良好教学氛围。其目的是让学生选择对自身发展有意义的内容进行学习,使他们在体育活动实践过程中提高体育学习兴趣,培养运动爱好和专长,为实现终身体育奠定良好的基础。

3. 重视学习的结果,更注重学习的过程

罗杰斯主张教育的目标是促进学生的成长和学习,培养能够适应环境的变化和知道如何学习并具有独特个性和充分发展的人。这个教育目标是培养完整的人(即"完人"),内容包括知识教育、认识能力教育和情感意志的发展。他指出:"只有学会如何学习和学会如何适应变化的人,只有意识到没有任何可靠的知识,唯有寻求知识的过程才是可靠的人,才是真正有教养的人。"因此可以说,人本主义重视的是教学的方法而不是教学的内容,是教学的过程而不是教学的结果。

传统的教育是学生被动接受知识的过程。长期以来,我们总是单纯重视学生对知识的获得,忽视学生如何获得这些知识。这种重结论而轻过程、重答案而轻智慧开发的教学完全无视知识和智力的内在联系,排斥了学生的个性和思考。因此,现代教育观应更关心怎样使传授知识的过程成为掌握科学研究方法、开发学生智慧的过程。由此可见,教育的真谛在于使知识转化为智慧。传知已不是唯一重要的,启智才是根本。

因此,高校体育课程标准与过去的体育教学大纲相比,更强调过程性评价,注重将过程性评价与终结性评价的有机结合。这主要表现为:在评价的内容上,不仅对体能和运动技能进行评价,而且注重与学生的学习过程密切相关的学习态度、情意表现与合作精神、健康行为的评价;在评价的方法上,不仅有学习结束时进行的一次性评价,而且注重对学生的学习过程进行观察、口头、成长记录等评价;同时,在评价的主体上,还强调学生的自评和互评,以期更好地把握学生的学习过程。

4. 强调"以学生的发展为中心"，帮助学生学会学习

人本主义心理学派把课程当作是满足学生成长和个性整合需要的自由解决的过程，认为应将课程的重点从教材转向学生个体，强调教学过程应以学生为中心，突出学生的主体地位，教师只是学生学习的促进者、帮助者、辅助者、合作者，是"助产士"和"催化剂"，而不是权威的讲授者。在教学过程中，教师要注意创设良好的问题情境，鼓励学生自主地、积极地探索问题，使学生的学习由"被动接受"发展为"主动探求"，倡导学生进行自主、合作、探究式的学习。因此，在课程理念上，我们一定要树立教育必须"以学生的发展为本"的思想，根据学生全面发展的需要来构架课程内容，让学生成为学习活动的主人。

从上述分析中不难看出，人本主义理论突出了情感在教学活动中的地位和作用，强调了人的尊严和价值在教学过程中的重要性，重视对学生的尊重和爱护，充分发挥学生的主动性和创造性，主张教学工作要注意创设良好的课堂气氛，充分发挥学生的主动性和创造性，以学生的自我完善为核心，把教学活动的重心由教师引向了学生。这些重要观点对于我们改革和发展体育课程具有重要的借鉴作用。但不可否认，人本主义心理学理论还有其偏颇之处，如过分强调人的自我实现的生物学动力机制，容易导致忽视社会因素对人的发展的制约作用，以反对客观主义的面目出现，有明显的主观唯心主义倾向，即只注重人的情感、价值，而漠视客观的科学知识本身。这也是我们在设计和实施体育与健康课程时不容忽视的问题。

(五)情商理论

情商，即情绪智力商数，而情绪智力是指人的非智力因素，是一种自我控制、热情和坚持以及自我激励的能力，主要包括自我认知能力、自我管理能力、自我激励能力、认知他人的能力、人际交往能力五个方面。情商理论引入生态学观点，形成了"从个人在社会实际的情境所表现出来的情感、认知和行为技巧等方面，预测个人成败倾向"的思想。戈尔曼教授认为，人有两个大脑、两个中枢、两种不同的智慧形式(理性的和情感的)。

一个人的成功,智商只占 20%,情商则占 80%。人要达到全面发展及和谐发展,不仅要学习间接经验,更需要学习直接经验,要接触生活、接触社会,只有将智商和情商结合起来,人的才华才能淋漓尽致地得到发挥。

过去人们总认为可以用智商的高低来预测学生学业成绩的优劣,从而可以决定人生事业成功与否。然而事实上,智商很难正确无误地预测个人未来的成就,高分低能的现象非常普遍,在现实生活中智商相对低的人领导智商高的人比比皆是。根据情商理论,智力是学生成才的基础,但情绪智力是学生成才的关键,它包括如何调整自己的情绪,如何设身处地为别人着想,如何建立良好的人际关系等。教师应注重培养学生的情绪智力,使学生在困难、挫折面前具有坚强的意志品质、自信心和抗挫力,能很好地适应社会。体育与健康课程十分强调通过体育活动来培养学生的探索、创新精神和坚强的意志品质,培养学生的抗挫折能力和承受失败的能力,从而充分实现课程的育人功能。

情商理论还提出,情感是"学会学习"活动能否成功的重要影响源。高校体育课程标准十分强调培养学生的积极情感,发展学生的非智力因素,营造一个良好的学习气氛,使学生保持良好的学习心境,从而提高学生的学习效果,促进体育与健康课程教学目标的整体实现。由此可见,今日的体育与健康课程呼唤情感,其意义已远远超过教学方法和手段的范畴。

(六)多元智能理论

多元智能理论提出,人的智力至少含有七种不同的能力,即语言智能、数理逻辑智能、空间智能、音乐智能、身体智能、内省智能和人际智能。如果给予适当的鼓励、充实和指导,每个人都有能力使所有智能发展到一个相当的水准,以胜任日常学习和生活的需要。

多元智能理论认为,认知方面的智能(如数理逻辑智能、语言智能)只是人的智能的一部分。而我们今天的教育,基本上是一种以语言智能和数理逻辑智能为重点的教育,忽视了其他智能的发展。我们常常听到有人说:"这个人学习不行,可是体育很棒。"显然,这些人并不把体育、音乐等列为智能的范围。多元智能理论对此作出了明确的回答,体育、音乐的确是智能,教育必须致力于培养学生的各项智能,并鼓励个人强项智能的充分发展。多元智能理论还认为,一个人的智能不能以他在学校环境中的表现为依据,而要看他在实际情境中解决问题的能力和创造能力。该理论强调的是各项智能的全面发展和个性才能的充分展示,强调创新精神和实践能力的培养。

根据多元智能理论,体育与健康课程在对学生的学习评价中,不仅对与学生的先天遗传因素紧密相关的体能和运动技能进行评价,还对与学生的后天学习有关的学习态度、情意表现与合作精神、健康行为等方面进行评价,从而使评价内容多元化,做到全面评价学生的学习成绩。在评价的方式上,体育与健康课程还提倡"表现式"的评价,允许学生选择自己所擅长的运动技能参与评价,使其通过这些优势运动技能的展示,获取成功体验。这充分体现出在体育与健康课程的学习中没有绝对的"差生",每一位学生都会有自己所擅长的运动技能,这极大地激发了学生进一步学习的兴趣和积极性。

综上所述,从行为主义学习理论到认知主义、建构主义、人本主义理论、情商理论和多元智能理论等各种心理学理论,都对体育与健康课程的构建有着不可磨灭的理论贡献。虽然这些理论相互之间存在着分歧,但它们反映的是同一事物的不同方面,完全可以互相补充汇成一个整体,在不同层次上起作用。我们正是在合理吸纳这些心理学理论精华的基础上,努力构建"以学生发展为中心"的体育与健康课程。

二、社会学基础

马克思曾说:"在现实性上,人是一切社会关系的总和。"这就告诉人们在考察人的发展时不仅要注意人的自然属性,同时还要注意人的社会属性。人的发展总是以特定的社会条件为背景,即社会环境和社会需要。由此可见,社会的发展制约着教育的发展,学校课程与社会政治、经济、科技和文化的发展有着生生不息的关系。

毋庸置疑,体育与健康课程在课程目标、内容、方法、组织、评价等方面都会受到各种社会因素的影响与制约。体育课程的改革与发展不能脱离社会的发展与需要,因此我们还应该从社会学的视角来加以认识。

(一)社会的发展推动我国体育课程的改革

马克思主义唯物辩证法认为,世界上一切事物都不是静止不动、永远不变的,而是不断运动和变化、不断更新和发展的。这是事物发展永恒的不可抗拒的规律。社会发展是影响课程建设的主要因素,因此,体育与健康课程作为学校课程之一,势必会受到社会发展的影响。

进入现代社会以来,各国体育界越来越多地认识到,经常参加体育活动不仅可以提高肌肉力量、耐力与柔韧性等体能,更重要的是可以降低患冠心病、高血压、糖尿病、骨折等疾病的概率,同时还可以缓解焦虑、压抑等消极情绪。1994年世界卫生组织与国际运动医学联合会敦促各国政府把推动大众体育的发展作为公共健康与社会政策的组成部分,并明确提出:要使体育成为健康生活方式的基石;向少年儿童提供体育设施和机会,使他们每天都能参加有益的体育活动,并养成终身参加体育运动的习惯;鼓励成年人养成每天参加30分钟以上中等强度体育活动的习惯;向妇女提供参加各种体育活动的机会,并对她们参加有益健康的锻炼活动给予更多的鼓励;鼓励老年人积极参加体育活动,以保持他们独立活动和自我料理的能力;根据残疾及慢性病患者的要求,为其提供体育锻炼与场地设施的咨询与建议。

社会的发展变化是学校课程改革的外部动力。我国体育教育界通过几代人不懈的努力与追求,在体育课程建设上已经取得了很大的成就。但随着各国对健康的高度关注和大众体育的迅速发展,过分强调竞技运动、忽视学生的身心发展需要、与社会生活脱节的传统体育课程已不能适应时代发展的需要,亟待改革。

(二)现代社会生产生活方式决定体育与健康课程的性质

学校出现学科教学之后,一些人把这种"百科全书式的""静止的""冷藏库式的"学科教学看作是学校中唯一的教育活动,并使之脱离生产、生活实际,结果使受教育者仅得到片面的发展。因此,在确定体育与健康课程的性质时,要充分考虑到现代生产、生活方式的特点,不能使之脱离生活实际。

20世纪50年代以来,随着电子计算机、生物科学、材料科学、信息科学为代表的科学技术迅猛发展,社会劳动生产方式发生了巨大的变化,严重地影响着人们的健康状况。例如,在劳动过程中,伏案工作方式导致人的体力付出越来越少,脑力付出越来越多;竞争的日趋激烈和工作节奏的加快,使得人们的压力越来越大,精神愈来愈紧张;现代化的生产方式导致生产过程中人际交往减少、人际关系淡漠等。城市化的生活从根本上改变了人类的面貌,在给人们带来了舒适与便利的同时,也带来了大量的问题,如活动空间的缩小、体力劳动与体力活动的减少、饮食中高脂肪和高蛋白质摄入量的增多等。这些都直接影响着人类的健康。

由于国民的健康对国家的发展、社会的进步和个人的幸福至关重要,而体育与健康课程又是增进国民健康的重要途径,因此,高校体育课程标准坚持"健康第一"的指导思想,将体育与健康课程的性质界定为"以身体练习为主要手段,以体育与健康知识、技能和方法为主要学习内容,以增进学生健康为主要目的的必修课程"。

(三)根据社会的需要设置体育与健康课程的内容

社会的发展及其所带来的人类新的健康问题,要求我国的基础教育体育课程改革关注学生的健康发展,培养学生的运动爱好和专长,促进学生养成锻炼身体的习惯,提高学生自己维持健康的能力等。因此,高校体育课程标准非常注重培养学生的健康意识和体魄,以满足社会的需要。体育与健康课程充分考虑到学生的学习需求,选择有利于为学生终身发展奠定基础的体育与健康基础知识、基本技能和方法作为学习内容,以提高学生的健康素养,培养学生的健康意识和良好的生活方式,促进学生在身体、心理和社会适应能力等方面健康发展,为提高国民的整体健康水平发挥重要作用。

三、教育学基础

(一)进步主义教育理论

20世纪初,以杜威实用主义哲学为基础的进步主义教育理论成为新教育运动的主要代表。他首先向传统教育挑战,提出教育应该"以儿童为中心",教师应考虑儿童的个性特征,使每个学生的长处都能得以发展,尊重儿童在教育活动中的主体地位。杜威提出"从做中学"的方法,重视学生的活动和经验的获得,而教师的作用则是在一旁协助学生活动。因此,以活动教学、学生、学生的主动活动为中心的新"三中心"成为该理论的主要特征。

(二)强调"完整的人"的教育

进步主义教育理论认为,传统的教育忽视了学生的需要,限制了学生的成长发展,学生成为教师的奴隶,教学不能引起学生积极主动的活动。进步主义教育理论强调以实用主义为基础,认为学生所学的知识和技能必须对将来有用。也就是说,学生所学的要与现在及将来联系起来,并内化成为个人的知识。进步主义教育家认为:"一切教育的最终目的是形成人格。"

在这样的教育思想指导下,高校体育课程标准十分强调"以学生的发展为中心",尊重学生的情感和需要,充分发挥体育与健康课程的育人功能,在增强学生的体能和提高运动技能水平的基础上,注意发展学生的良好心理品质和社会适应能力,使他们逐步形成健康的生活方式和积极进取、充满活力的人生态度,从而得到全面、健康的发展。

(三)强调活动教学和学生的主动学习

进步主义教育理论主张通过"解决问题"的方式进行学习,提倡"从做中学",而不是简单地灌输教材,强调教学的实践性;认为教育应当是主动的,并要与学生的兴趣联系起来,强调学生有自然发展的自由,提倡学生的学习过程不仅是由教师或教材决定的,而且应当由学生自己根据社会的需要来决定,教师应当为学生的创造性和自我表现提供充分的机会。

进步主义提出,学生的兴趣与需要是教育的出发点,更是课程设计的指导思想。当然,这并不是说学生在学习过程中就可以随心所欲,他们需要教师的指导和引导。

因此,高校体育课程标准首先就明确指出了体育与健康课程的实践性,把体育与健康课程界定为一门以身体练习为主要手段的课程。同时,体育与健康课程在目标的确定、教学内容的选择和教学方法的更新上,都特别关注学生的学习兴趣、爱好和个性发展,强调学生在对运动项目的选择和学习过程中,培养运动爱好和专长,掌握科学锻炼身体的方法,提高体育实践能力,养成坚持体育锻炼的习惯,最终形成健康的生活方式。

(四)强调师生的民主与平等

进步主义教育理论认为,教师的作用不应是发号施令和监督,而是鼓励、建议和劝告。因为学生所要学习的东西是由其需要和欲求决定的,他们的发展应由他们自己来规划,教师只是引导他们学习。进步主义鼓励教师运用学生的所有感官,训练其观察力与判断力,把大部分时间用于指导学生如何获得和运用各种知识上。

体育与健康课程十分强调教学过程中的师生互动过程。高校体育课程标准提出,教师的教主要是为学生的学服务的,教师应改变过去单一的灌输式教法,改变过于注重讲解、示范的教学形式,给学生的体育与健康课程学习留有充分的活动时间和空间,让学生采用适合自己的方式进行学习。

(五)后现代教育观

后现代主义非常重视人们所经历的体验,以便人们在放弃了完全依靠理性的合理方法解决问题的同时,能够寻找到新的更为合理的解决方式。这一新的思维方式对教育的影响表现为重视个人选择和参与。

(六)强调师生的平等,主张学生自主学习

后现代主义认为,教育应是学习者主动获取信息和自我教育的过程,其中学习者自主的、多样性的选择是他们发展的关键性因素。该理论提出,随着数据库作为新知识的来源,特别是百科全书的知识容量足以满足

学生的好奇心和求知欲,教师所使用的心智训练方法最终将被淘汰,甚至教师的角色也会被彻底取代。在教学过程中,学生像选购商品一样在网络上主动自由地搜寻和发现有用的信息与知识,而用不着处于"中心"地位的教师们再作独白式的叙述。即使有教师,他们和学生之间也只存在一种持续地平等对话的关系。在这种对话过程中,教师和学生一起围绕具体的问题情境,从各自不同的立场给出自己的思考。

体育与健康课程也十分强调教学过程是师生交往、共同发展的过程。高校体育课程标准提出,在教学中教师应转变角色,摒弃"以教师为中心"的观念,努力成为学生学习的促进者,以教促学、互教互学、相互尊重、相互补充,与学生一起加强对体育与健康课程的理解,共同创设和谐、民主的教学环境。体育与健康课程还强调要充分发挥学生的独立性和能动性,让学生根据自己的兴趣和爱好选择运动项目进行学习,并鼓励学生自主设置学习目标,发展学习策略,进行自我监控和评价,培养学生自主学习的能力。

(七)强调差异性,主张因人而异进行教学

后现代主义强调发展维护个性的差异性教育方式,即在教育活动中,建立师生间多种复杂的关系,必须与不同的学生建立各种不同性质的关系,对不同学生发出不同的信息和影响,做出不同的评价。这有助于学生的完善发展,充分表现学生丰富多样的情感、意志、动机、兴趣。在这种观念的引导下,学校不应成为制造单一模式产品的工厂,而应成为塑造各具个性差异的人的重要基地。

高校体育课程标准非常关注学生的个体差异,强调教师应提供给学生个性化发展的时间和空间,根据学生的兴趣与爱好进行选项制教学。在教学评价上,高校体育课程标准明确提出,体育与健康课程的学习评价应考虑学生在体能、运动技能等方面的差异,从而充分激发与调动每一位学生学习的积极性,挖掘每一位学生的学习潜力,促进学生的进步和发展。

(八)强调多样性,培养学生的创造性

在教育观念上,后现代主义认为所有的方法都有其局限性,没有千古不变的教条。后现代主义主张容纳一切思想、摆脱僵化的形式理性,从个体的差异性出发建立一个开放的、多元的教育,塑造具有丰富内容和自由个性的主体,使教育成为能动的解放式的教育,把受教育者从现代理性以及与这种理性相联系的社会禁锢中解放出来。这就意味着把教育变成自主的教育,使其成为训练学生批判性思维和个性自由发展的过程。

在后现代教育观的指导下,体育与健康课程非常重视探究意识和创新精神的培养,提高学生探究学习的能力。无论是课程目标的确立,还是课程实施的过程,都表现出多元主义的思想。尤其是在教学评价上,高校体育课程标准要求体育与健康课程采用评价内容多元、评价方法多样、评价主体多元的评价体系,以强化评价的激励和反馈功能,淡化评价的甄别和选拔功能,促进学生不断进步与发展。

(九)终身教育思想

终身教育思想最早是由法国著名继续教育专家保罗朗格朗(Paul Legrand)提出来的。保罗朗格朗认为:"人的发展是通过一生来完成的","教育,不能停止在儿童期和青年期,只要人还活着,就应该是继续的"。正如高志敏教授在《当代世界教育科学发展与成人教育》一书中所描述的那样,这一切"足以使我们深切地感到,终身教育的思想火焰正在以席卷全球之势熊熊燃烧,它那炽热的光芒正在使当代教育的理论与实践发生翻天覆地的变化"。

终身教育思想的兴起与发展对我国的体育课程改革产生了很大的影响。首先,终身教育思想的发展为终身体育思想在我国的传播奠定了坚实的理论基础。其次,终身教育思想为我国的体育课程改革指明了方向。在终身教育思想的要求下,体育与健康课程着眼于现在和将来,精选能适应时代要求的体育与健康基础知识、基本技能和方法作为学习内容,培养学生的运动爱好和专长,促进学生体育锻炼习惯和终身体育意识的形成,从而全面发展体能和提高所学的运动技能水平,为终身体育奠定良好的

基础。

(十)全纳教育理论

全纳教育理论以英国的托尼布什（Tony Booth）教授为主要代表人物。托尼提出，全纳教育是指加强学生参与的一种过程，主张促进学生参与就近学校的文化、课程、社区的活动，并减少学生被排斥。全纳教育主张教育平等，取消特殊学校（目前的国际趋势是特殊学校在数量上大幅度减少）；主张教育多样化，要求我们的学校应根据学生的不同需求进行教学。这是一个根本性的转变，是从探讨特殊教育领域的问题转到解决普通教育的问题。因此，全纳教育的新理念对教育改革和发展具有重大的意义。

体育与健康课程非常强调学习评价的反馈与激励功能，强调通过评价促使每一位学生进步与发展；反对学习评价的甄别与选拔功能，反对通过学习评价把学生分成三六九等，使所谓的优生得到教师的青睐，而所谓的差生却消失在教师的视野之外。因此，根据全纳教育的思想，高校体育课程标准明确规定了课程的实践性，强调要让所有学生参与到体育活动之中，让所有学生在体育与健康学习活动中受益。

四、生物学基础

体育与健康课程是一门以"健康第一"为指导思想，以促进学生整体健康为主要目的的实践性很强的课程。无论是课程理念、设计思路、课程目标、内容框架，还是课程的实施方法，都受到生物学因素的影响，且存在生物学理论基础。因此，我们还应从生物科学的视角来认识体育与健康课程。

(一)体育与健康课程学习的生理效应

每个人的身体形态发育水平、生理机能水平、体能和运动能力的提高，都是很有潜力的。大量研究表明，科学的身体锻炼，可以增强体能，减少疾病，增进健康，提高学习和工作效率。

1.增强运动系统的功能

学生正处于生长发育的高峰期,积极参加体育活动能加强骨的营养,改善骨的结构,使骨密质加厚,骨松质排列更加整齐有规律,并使骨长得更加粗壮、坚固,还能使骨长长,从而使身体增高。据统计,同年龄、同性别的青年经常锻炼的人比不经常锻炼的人身高要高出 4～10 厘米。除此之外,体育锻炼还能使关节囊增厚,韧带增粗;增强关节的牢固性、伸展性、柔韧性和灵活性;使肌纤维增粗,身体变得更健美。

2.改善心血管系统的功能

在人体的结构中,心脏是血液循环的动力器官。经常参加体育活动的人,由于心肌间毛细血管几乎全部开放,供给心肌细胞更丰富的营养,因而心肌发达,收缩有力,心脏的工作效率得到提高。比如,一般人的正常心率平均为每分钟 75 次,而运动员的心率每分钟只有 40 多次;一般人的每搏输出量平均为 70 毫升,而运动员的每搏输出量可达 140 毫升。

3.提高呼吸系统的功能

积极参加体育活动,能加强呼吸肌的收缩力量,扩大胸廓的活动范围,增加参与气体交换的肺泡数量,增大肺活量,促进肺的发育,增强呼吸系统适应室外气温骤变的能力,减少呼吸道疾病的发生。

4.改善神经系统的功能

体育锻炼是提高大脑皮层机能,增强植物性神经系统所支配的器官活动的积极措施。长期参加体育活动,可以使动作的速度、灵敏性和耐力等得到显著提高,对外界各种刺激的适应能力也会明显增强。

5.促进大脑的开发

现代医学的研究表明,人的右脑的信息容量、记忆容量、形象思维能力都大大超过左脑,经常参加体育锻炼可以使右脑得到充分的锻炼,从而提高人的记忆力和形象思维能力。

基于体育活动的上述生理效应,高校体育课程标准把体育与健康课程界定为一门以身体练习为主要手段,以体育与健康知识、技能和方法为主要学习内容,以增进学生健康为主要目的的课程。学生可以通过对所选运动项目的学习,改善运动系统、心血管系统、呼吸系统和神经系统的功能,促进大脑的开发,增强体能,为实现整体的三维健康奠定良好的生理基础。

(二)体育与健康课程的生物学理论基础

传统观点认为,体育是伴随着人类的起源而诞生的。人类自站起来的那一天起,就从生物学意义上为体育的萌生埋下了种子。因此,从现代生物学理论发展的角度来探讨体育课程的改革,具有重要的意义。

1.行为遗传学理论

行为遗传学家主要研究种属内个体之间差异的生物基础,即研究每一个人所遗传的特定基因组合怎样使其具有个体差异。根据行为遗传学的观点,不同物种之间的显著差异源于不同的遗传,同一物种不同个体之间的显著差异主要是个体对生存环境是否适应。他们强调每一个体从亲代遗传中继承了一系列不同的基因,这些基因的特定组合影响着个人的气质、人格和心理健康。

根据行为遗传学理论对个体差异的反思,我们在设置体育与健康课程时,非常关注学生在学习需求上的个体差异及其个性发展。高校体育课程标准提出,体育与健康课程采用选项制教学,学生在水平五阶段,可以根据自己的条件和爱好在学校确定的范围内选择运动项目作为学习内容,从而减少运动技能学习的项目内容,以形成运动爱好和专长,满足学生个性化学习和发展的需要。同时,考虑到不同学生在运动天赋上的差异,高校体育课程标准除了在水平五规定了每一位学生通过自己的努力都应达到的学习目标外,还设置了水平六,作为部分学有余力的、运动天赋较好的学生的发展性目标,以便每一位学生都能从体育与健康课程的学习中受益。

值得一提的是,行为遗传学增加了我们对自身的了解,但其目的不是宣扬遗传决定论。我们强调个体差异的行为遗传学取向时不应排除其他取向,如社会化取向或文化人类学取向。

2. 行为生物学理论

体育活动是体现人类自然属性最直接的行为方式之一。体育活动的"行为生物学"属性源于人类的所作所为均是在漫长的生物进化过程中形成的。根据行为生物学理论,行为模式的发育具有阶段性。一般地说,简单行为比复杂行为起源得早,所以某些平衡性、定位性要求较高,但不复杂的运动行为(如体操、技巧等),在个体发育的早期比较容易学习和掌握。对于复杂性较大的行为动作,以及需要较多的知识和经验参与的体育活动(如成套动作的创编、复杂的球类技战术等)则应在大学阶段进行学习。如果过早地接触复杂行为和器械无疑会拔苗助长,而如果在大学阶段仍泛泛地去学习一些基本技能则难以引发学生的学习兴趣,对学生的健康发展也没有帮助。

此次基础教育体育课程改革,主要根据学生的身心发展特征划分学习水平,并根据各个学习水平循序渐进地设置不同的学习目标和要求。

3. 人类生态学理论

根据人类生态学理论的观点,环境生态有两方面的含义:一是人类活动可以为其自身的生存和发展创造适应性最佳的、处于动态平衡的环境,即良性循环的生态环境,这是人类所追求的环境目标;二是由于人为污染和生态破坏,导致与其不适应的环境变化,即生态失调,这是人类致力于治理和改善环境的内容。

任何体育活动的开展都离不开生态环境因素,只有与生态环境充分地协调,才能使所有效能趋向优化。体育与健康课程的性质决定了其教学主要是在环境(自然环境和社会环境)这一广阔的天地间进行的,学生在体育与健康课程的学习中必然会受到环境的干预和制约。如果学生的体育活动行为破坏了体育生态系统的结构和功能,就会受到环境的制约。因此,高校体育课程标准非常注重培养学生的社会责任感,强调学生参与体育与健康活动的权利和义务,要求学生在体育与健康活动中表现出负责任的社会行为,如爱护公共体育设施与器材、保护运动场内外的环境卫生等,培养为自己和他人参加体育活动创建健康环境的意识。

第二节　高校体育与健康课程的性质和基本理念

随着我国学校教育中素质教育的不断推进以及国际基础教育课程和体育课程的不断改革和发展,我国传统的体育课程将受到巨大的冲击并将发生变化。新体育课程无论在课程性质、课程的基本理念、课程目标,还是课程内容、教学方式和评价方法等方面,都将体现新的教育教学思想。其中,课程性质和课程基本理念的确立至关重要,因为它们影响体育与健康课程的发展方向,并对指导体育与健康课程实践具有重要而又深远的意义。

一、体育与健康课程的性质

高校体育课程标准将体育与健康课程定义为"一门以身体练习为主要手段,以体育与健康知识、技能和方法为主要学习内容,以增进学生健康为主要目的的必修课程,是实施素质教育和培养德智体美全面发展人才不可缺少的重要途径"。

(一)身体练习是体育与健康课程的重要手段

体育与健康课程的定义决定了体育与健康课程与其他文化课程具有本质的不同。其他文化课程主要是在室内对学生进行知识教育,重视的是学生知识的积累和认知的发展;体育与健康课程主要是在室外对学生进行身体教育和运动教育,强调的是体能的增强、技能的掌握和态度行为的形成等。这就决定了体育与健康课程的教与学的主要手段,是体能的练习、运动技能的学习及参与运动的行为。当然,在体育学习中,也有知识的学习、心理健康的教育和道德品质的培养等,但这主要是贯穿于身体练习的过程中,并通过身体练习而完成的。

(二)体育与健康知识、技能和方法是体育与健康课程的主要学习内容

体育与健康课程有别于一般性的闲暇活动或健身活动。前者更多体

现学生是一个接受体育教育的过程,在这一过程中,需要学生较为系统地学习和掌握自己所选择的运动知识和技能,旨在形成运动的爱好和专长,为终身体育奠定良好的基础,而且在体育学习中还有教师的指导与帮助,强调教学过程的组织性;后者更多体现活动者是自主参与活动,无须系统地学习什么活动内容,掌握活动的水平的要求也不高,也无活动时间的控制,只要能参与活动就行,更多体现活动的随意性、轻松性等。此外,在体育与健康课程中,还要求学生较为系统地学习健康教育的内容。

(三)增进学生的健康是体育与健康课程的主要目标

《中共中央国务院关于深化教育改革全面推进素质教育的决定》指出:"健康体魄是青少年为祖国和人民服务的基本前提,是中华民族旺盛生命力的体现。学校教育要树立健康第一的指导思想,切实加强学校的体育工作……"由此可见,学生会不会打篮球、排球等并不是最重要的事情,最重要的是学生要有健康的体魄,因为国家需要的,是通过体育课程将所有学生培养成为社会主义现代化建设的高素质的健康人才,而不是将所有的学生培养成运动员。因此,增进学生的健康才是体育与健康课程的主要目标。

传统的体育课程将提高学生的运动技能水平作为本课程的主要目标,因此,在体育教学中,基本上是沿袭了竞技运动的内容,照搬了竞技运动的方法。由于竞技运动的教学内容和方法过于成人化、竞技化,远离学生的生活经验和生活实际,不符合学生的身心发展规律,因此,传统的体育课程不但没有提高学生的健康水平,而且导致了学生健康水平的下降。

二、体育与健康课程的价值

在现代教育形成的过程中,体育作为一种有效的教育手段进入学校并在学校中逐渐发展。同时,人们也日益深刻地认识到,体育与健康课程对于增强学生体质,提高学生健康水平,促进学生全面和谐发展,培养社会主义现代化建设需要的高素质劳动者,具有极为重要的作用。

(一)增进身体健康

体育课程学习对学生成长的最直接、最显著的价值,是促进身体的正常发育和身体健康水平的提高。这种价值主要以两种方式体现出来:一是体现在身体形态和机能的变化方面,在教师指导下参加体育活动,学生能够增强体能,使身体健康水平得到提高;二是体现在体育意识和行为的变化方面,通过长期的运动实践和体验,学生不但能形成对身体、身体活动和健康的正确观念,增强自我保健的意识,而且将逐步养成健康的行为习惯和生活方式。

(二)提高心理健康水平

作为社会的存在物,人的运动实践行为不仅始终影响、改变着自身机体,而且随时影响着人们的情绪和各种心理感受。体育运动过程是不断面对挫折和克服困难的过程,在这个过程中,学生将反复体验挫折和困难,从而提高抗挫折能力和情绪调节能力,培养勇敢顽强的意志品质。在不断超越昨天、超越自我的过程中,学生会体验到进步或成功的喜悦,从而形成客观评价自我的习惯和能力,增强自尊和自信心,形成积极向上、乐观开朗的人生态度。

(三)增强社会适应能力

由于与他人和群体的联系是体育活动的必要条件,体育成为人的社会化的重要方式,对青年成长的意义尤为突出。因此,本课程的学习将帮助学生逐步理解并习惯于在一定的社会规范中生活,根据社会规范约束和调整自己的行为。热爱体育活动是青年的天性,学生对通过游戏和体育规则所体现出来的社会规范的学习,常常表现出乐于接受的态度。学生通过体育与健康课程学习所获得的社会适应能力,包括理解个人健康与群体健康的密切关系,对自我、群体和社会的责任感,合作精神与竞争意识,对他人的尊重和关心,良好的体育道德和团队精神。同时,体育与健康课程对于培养学生的创新能力和学习能力也具有显著的作用。

(四)获得体育与健康知识和技能

长期以来,存在着这样一种对体育的认识,似乎体育就是运动,没有什么知识学习的问题,这种认识失之偏颇。体育与健康课程主要是一种技能性的课程,它的许多内容是不能够或不完全能够通过语言或其他符号系统传授学习的。本课程中的知识学习内容有这样两个特点:一是本课程学习中的知识主要是一种操作性、技能性的知识,它不同于其他课程中以认知、理解为特征的知识;二是本课程中的知识学习,包括技能性知识和认知性知识的学习,主要是通过运动实践而不是通过读书或课堂传习而实现的。

体育与健康课程学习中的知识和技能主要包括以下内容:为促进身体健康和终身体育所必需的运动技能;关于体育与健康的基本知识和科学锻炼的方法;正确的体育与健康观念;欣赏运动的能力;安全运动的能力;与运动有关的野外生存技能;运用体育与健康的资源、信息、产品和体育与健康服务的能力。

三、体育与健康课程的基本理念

(一)坚持"健康第一"的指导思想,促进学生健康成长

体育课程的目标是培养学生健康的体魄,以便他们将来能够更好地为社会和国家做出更大的贡献。之所以在学校中设置体育课程,是期望通过体育教育,增强学生的体能,提高学生的健康水平,培养学生成为社会主义现代化建设的健康人才,而不是期望通过体育课程的教学,培养高水平的运动员。

因此,体育与健康课程将摒弃竞技运动的教学观念,淡化竞技化的教学方法。无论是课程目标的确立、课程内容的选择,还是教学方法和评价方法的采用,都应围绕"健康第一"的指导思想来进行。

体育与健康课程重视健康整体观的确立,力图通过体育教学,不仅促进学生的身体健康,而且提高学生心理健康水平和社会适应能力,培育学生健康的意识和体魄,以充分体现体育课程的育人功能。

体育与健康课程重视将身体练习活动与健康教育的学习相结合,这样才能更有效地促进学生形成健康的意识和良好的生活方式,提高学生

的整体健康水平,因为仅仅靠身体练习的活动是不可能承担在学校教育中贯彻和落实"健康第一"的指导思想的全部任务。

(二)改革课程内容和教学方式,努力体现课程的时代性

体育与健康课程在继承优良传统的基础上,大胆改革,开拓创新,在课程内容和教学方式上努力体现时代性。

(三)课程内容的改革

体育与健康课程将大大突破传统的竞技运动教学内容的模式,体育课堂的教学内容不再完全是"清一色"的田径、球类、体操、武术等竞技运动内容,民族民间体育活动内容和新兴运动项目将被引入体育课堂,同时竞技运动项目也可能被改造成符合大学生身心发展特点、深受大学生喜爱的运动项目。换言之,体育与健康课程的内容将呈现百花齐放、千姿百态的局面。

为什么要创造这样的局面呢?众所周知,中国地大物博、人口众多,各地、各校差异很大,加之学生学习经验和生活经验各不相同,如果国家的高校体育课程标准规定统一的、具体的教学内容,各校就很难适应和执行这样的规定,学生也不会喜欢学习这些统一规定的教学内容。几十年的体育教学已充分说明了这一点。从国外的体育与健康课程标准来看,几乎没有一个国家对学校规定统一、具体的教学内容。

1.教学方式的变化

《基础教育课程改革纲要》指出:改变过于强调接受学习、死记硬背、机械训练的现状,倡导学生主动参与、乐于探究、勤于动手,培养学生搜集处理信息的能力、获取新知识的能力、分析和解决问题的能力以及交流与合作的能力。

体育与健康课程将改变传统、单一的灌输—接受的课堂教学方式,倡导学生进行自主学习、探究学习和合作学习,实现学习方式的多样化,以促进学生知识与技能、情感、态度与价值观的整体发展。

体育与健康课程强调改变传统的灌输—接受教学方式,并不排斥教师的指导作用和学生的模仿和接受学习,教师仍需要在体育教学中进行

示范和讲解,但不是满堂灌,不要花费过多的时间在示范和讲解上,要对学生给予点拨和启发,给学生尽可能多的活动时间和空间,使学生有充分的时间进行自主学习、探究学习和合作学习,以培养学生分析问题和解决问题的能力。

2.强调以学生发展为中心,重视学生的主体地位,帮助学生学会学习

传统的体育课程比较忽视学生的心理感受和情感体验,教师主要关心的是运动知识和技能的传授,关注的是学生的运动技能掌握得如何,至于学生是否愿意学,学得是否愉快,教师很少关心。结果,学生在上体育课时"身顺心违"、不喜欢体育课的情况较为普遍。由于学生学习很被动,且无愉快体验,这种教学方式很容易让学生感到厌倦和反感。

传统的以教师为中心的教学模式也许有利于学生对现成运动知识和技能的掌握,但不利于学生探究意识和创新精神的培养。鉴于体育课程的特殊性质,充分体现学生在体育学习中的主体地位显得尤为重要。因此,体育与健康课程标准在构建课程体系的时候,十分关注满足学生全面发展的需要和学生的心理感受及情感体验,从课程设计到评价的各个环节,始终从有利于学生主动、全面的发展出发,要求教师在教学活动中特别注意体现学生在学习活动中的主体地位,以充分发挥学生的学习积极性和学习潜能,提高学生的体育学习能力。

(四)注重学生运动爱好和专长的形成,奠定学生终身体育的基础

德国教育家第斯多惠说过:"教学艺术的本质不在于传授本领,而在于激励、唤醒、鼓舞。"兴趣是最好的老师。兴趣和爱好不但对学生的学习过程具有重要的意义,对课程最终目标的实现也具有积极的作用。只有激发和保持学生的运动兴趣,促进学生形成运动爱好和专长,才能使学生自觉、积极地进行体育锻炼,并将体育活动作为生活中不可或缺的重要组成部分,形成终身体育的意识和能力。从终身体育的角度来讲,关注学生运动爱好和专长的形成以及养成坚持体育锻炼的习惯,与关注学生一时

的运动技能表现相比更重要。

　　体育与健康课程将激发和保持学生的运动兴趣以及培养学生运动爱好和专长放在中心位置。学生多学或少学一些竞技运动技能、掌握的运动动作是否很规范（当然最好是动作规范一点）并不十分重要，如何培养学生的运动兴趣、爱好和专长，才是体育课程和教学中最重要的事情。体育与健康课程提倡根据学生的兴趣和爱好，让他们有选择地学习一项或几项运动项目，主要是为了培养学生的运动专长，因为学生有了运动专长，才可能体验到成功感、愉快感和自我价值，进而提高参与体育学习和活动的积极性，形成终身体育的意识和习惯，也才可能将体育活动作为生活中不可或缺的重要组成部分。

第三节　高校体育与健康课程的目标体系

　　课程目标"是指导整个课程编制过程的最为关键的准则"。体育与健康课程目标是指高校学生通过体育与健康学习与活动所要达到的预期学习结果，是大学教育目标在体育与健康课程中的具体体现，是体育与健康课程编制、实施、评价的准则和指南。体育与健康课程的实施必须首先制定符合新时代大学培养目标、体育与健康课程设计的理念和体育与健康课程的目标。体育与健康课程目标是选择体育与健康课程内容与方法的重要依据，它将对什么样的体育与健康知识与技能最有价值以及什么样的体育方法最有价值提供判断，为体育与健康课程的组织（包括体育课程组织的类型、体育教学的组织形式等）提供依据，为体育与健康课程的实施指明了基本的方向，同时为体育与健康课程评价提供依据。

一、体育与健康课程总目标

(一)制定体育与健康课程目标的依据

1.现代社会发展的需求

体育与健康课程目标始终是与社会发展的需要紧密相关的。身心健康是国家发展、社会进步和个人幸福的重要物质基础之一,因此,人类的健康已成为21世纪世界各国关注的焦点,而增进青年一代的身心健康则成为现代社会发展对体育与健康课程改革的迫切需求。

2.大学生身心发展的特征

学生是体育教学过程构成的基本因素,学生既是体育教学的对象,又是体育学习的主体。学生的身心发展特点、学习潜能、学习积极性直接制约与影响体育与健康课程目标的制定。只有以学生的身心发展特点和规律为依据,同时结合学校的具体情况和学生学习、生活、锻炼的具体条件,才能制定出科学的、可行的体育与健康课程的目标。学生的身心特征具有一定的阶段性和个性差异,因此,体育与健康课程目标的构建应以学生对现实的认识、对生活的体验、对精神的感悟和对未来生活的憧憬为依据。

3.体育与健康课程的特点和功能

体育与健康课程的特点和功能是制定课程目标的内部依据。体育与健康课程制定的目标除受社会发展、素质教育要求、学生身心发展特征的制约外,在很大程度上是由体育与健康课程本身所具有的特点和功能所决定的。

体育与健康课程的主要特点是:

第一,体育课程是运动认知性课程。人们的认知可以分为三种:第一,概念认知——主要是通过语言等形成的认知;第二,感觉认知——主要是通过感官系统形成的认知;第三,运动认知——主要是通过人体本体感觉形成的认知。体育课程在很大程度上是属于第三种认知。体育课程主要是进行运动活动与身体练习,并通过这些运动活动与身体练习实现体育课程的目标。

第二,体育课程是生活教育课程。体育课程主要不是为学生将来从事某一专业或职业直接提供认知基础,而是为了学生现在与将来能够快乐、健康、幸福地生活,充分感受人的旺盛生命力,体验丰富的情感,增强意志力服务。体育课程是学生现实生活的一个重要组成部分,是学生未来生活的重要准备。

第三,体育课程是情意性课程。情意性课程是指通过课程体验改造人的主观世界的课程。体育课程对人的情感与意志力的培养具有其他课程无法取代的作用,学生在进行运动性认知的过程中大量地涉及情感、情绪、态度、价值观等,学生的主观世界主要是通过活动的体验,在一系列的情感与意志冲突中不断升华。这些过程对人格的发展、个性的形成具有重要的影响。

第四,体育课程是综合性课程。体育课程是一门涉及体育、生理卫生、心理健康、环境、娱乐等领域的理论与方法,还涉及身体发展、人际关系、运动技能技巧等实际活动方面的内容,因此具有鲜明的综合性。

体育与健康课程的主要功能有健身功能、教育功能、个体社会化功能、娱乐功能、竞技功能等,其中健身功能和教育功能是体育与健康课程的本质功能。体育与健康课程的目标是以人们对体育与健康课程功能的认识为基础的,体育与健康课程的目标只有以体育与健康课程功能为依据,才有可能实现。

(二)体育与健康课程的目标

能否正确制定体育与健康课程的目标是课程目标能否充分发挥指引、导向作用的关键。体育与健康课程的目标对于体育教学实践的指引主要表现在"课程目标应十分明确,应让不同的人从课程目标中对所期望的结果获得相同的理解,这样,目标才能发挥作用"(D. Pratt)。高校体育课程标准中对体会与健康课程目标的表述,改变了以往模糊、含混、笼统的表述方式,将行为目标与表现性目标有机结合起来。所谓行为目标一般是可以观察、可以测量或可以示范的,它清楚地阐明了学生应该干什么,达到什么程度。行为目标通常包括四个要素:行为主体、行为动词、行为条件和表现程度。如"掌握常见运动创伤的简易处理方法"。所谓表现性目标"不是规定学生在完成学习活动后所习得的行为,而是描述教育中的'际遇':指明学生将在其中作业的情境、学生将要处理的问题、学生将要从事的任务,但并不指定学生将从这些'际遇'中学到什么"(J. A.

Beane,1986)。如"描述经过一段时间体育锻炼后健康状况的变化"。行为目标与表现性目标结合运用,有利于引导教师将体育与健康课程学习的结果与体育与健康课程学习的过程有机结合起来,也有利于学生将显性的学习与隐性的学习有机结合起来,真正实现体育与健康课程目标、内容、过程、评价的统一。

1.课程的目标体系

体育与健康课程目标是体育与健康课程的重要组成部分,其具体目标共包括五个方面:增强体能,掌握和应用基本的体育与健康知识和运动技能;培养运动兴趣和爱好,形成坚持锻炼的习惯;具有良好的心理品质,表现出人际交往的能力与合作精神;提高对个人健康和群体健康的责任感,形成健康的生活方式;发扬体育精神,形成积极进取、乐观开朗的生活态度。

上述五个方面的目标构成了体育与健康课程的整体目标,它们之间是互相联系、互相融合的。从体育与健康课程目标可以看出,本课程不仅要求学生增强体能,掌握基本的运动知识和运动技能,而且期望学生形成坚持体育锻炼的习惯、健康的生活方式和积极进取、乐观开朗的生活态度等。

体育与健康课程标准主要根据课程目标划分领域目标,根据领域目标划分水平目标,从而构成了课程目标—领域目标—水平目标三个递进的目标体系。

2.课程的具体目标

(1)增强体能,掌握和应用基本的体育与健康知识和运动技能

体能是指人体各器官系统的机能在身体活动中表现出来的能力,良好的体能可以保证人们正常的生活和学习,不易感到疲劳,并且有余力享有休闲和应付所遇到的压力。体能包括与健康有关的体能和与运动技能有关的体能。前者包括心肺耐力、柔韧性、肌肉力量、肌肉耐力、身体成分等,后者包括从事运动所需要的速度、力量、耐力、灵敏、柔韧等。增强体能是体育与健康课程的重要目标。

（2）掌握和应用基本的体育与健康知识和运动技能

课程目标不仅要求学生掌握体育知识与技能，更重视学生体育知识与技能的应用，即将所掌握的知识、技能应用于体育锻炼实践和生活实践。

（3）培养运动兴趣和爱好，形成坚持锻炼的习惯

形成坚持锻炼的习惯是体育与健康课程要达到的重要目标，学生只有真正形成了锻炼习惯，才能自觉地坚持锻炼，才能切实地为终身体育奠定基础，才能使体育锻炼成为生活中一个不可或缺的重要组成部分。

（4）具有良好的心理品质，表现出人际交往的能力与合作精神

体育与健康课程不仅要增进学生的身体健康，而且要增进学生的心理健康和社会适应能力，促使学生身心健康全面发展。体育活动对于提高学生的心理健康水平和社会适应能力具有重要的促进作用，这是由体育活动本身的心理特性和社会特性所决定的。因此，在体育教学中，如何有效地通过体育实践活动来促进学生心理素质和社会适应能力的提高，是每一位体育教师应重视的问题。

（5）提高对个人健康和群体健康的责任感，形成健康的生活方式

健康的生活方式对每一个学生的生活质量和身心健康都具有长远的意义和作用。虽然健康生活方式的形成受到学校教育多门课程的综合影响，仅靠体育与健康课程是不够的，但体育与健康课程可以结合本门课程的特点来努力促进学生形成健康的生活方式。另外，应使学生将个人的健康和群体的健康看成一种社会责任，因为个人的健康不仅是个人幸福的需要，也是国家和社会进步的需要。在使学生关注自己健康的同时，还要学会关注他人的健康。发挥体育的育人功能是体育与健康课程十分重要的目标，体育与健康课程的育人目标必须结合体育的特点，通过体育教学过程来实现，使学生在这一过程中形成积极进取、不畏困难、敢于拼搏、乐观开朗、热爱生活的积极态度和爱国主义、社会主义、集体主义的观念。

总之，体育与健康课程的目标重视对人的培养。

二、体育与健康课程五个方面的课程内容的具体目标

(一)五个方面的课程内容划分的原因

课程内容,也称学习领域或学习维度,是指在体育与健康课程中,按学习目标与内容性质划分的学习范畴。划分五个方面的课程内容主要是因为:

1.是世界体育课程发展的一种共同趋势

20世纪末,世界发达国家和地区新一轮课程改革所制定的体育课程标准或健康与体育课程标准,大多是以学习领域来划分学习内容的。

2.有利于更好地体现三维健康观和拓宽体育与健康课程的学习内容

世界卫生组织给"健康"下了一个明确而全面的定义:"健康不仅是没有疾病和不虚弱,而且是在身体、心理和社会各方面都保持完美的状态。"也就是说,健康包括身体健康、心理健康和社会适应三个维度。依据三维健康观重新构建的体育与健康的课程内容,将超出以往体育与健康知识与技能的范畴,体育活动中的情意体验、对体育的人生感悟,如"在体育活动中充分展示自己的运动能力""在不断进步的过程中培养自尊和自信""在体育活动中表现出坚强的意志品质"等,都成为体育与健康课程学习的内容。

(二)课程内容的划分

体育与健康课程改变了过去按运动项目划分课程内容和教学时数的框架,根据三维健康观、体育本身的特点以及国外体育课程发展的趋势,将不同性质的学习目标与内容划分为运动参与、运动技能、身体健康、心理健康和社会适应五个方面。这五个方面主要是由两条主线构成:一条是运动主线,包括运动参与和运动技能,运动参与和运动技能是其他方面目标与内容学习的基础,同时运动参与和运动技能的学习又必须以有利于实现其他方面的目标为前提;另一条主线是健康主线,包括身体健康、心理健康和社会适应。

课程内容五个方面的划分是相对的,只是为了更深入地理解与把握体育与健康课程学习的目标与内容,实际上五个方面是一个有机联系的整体,每一个方面都不能脱离其他方面而独立存在。如水平五的心理健康目标"在不断提高运动能力的过程中体验成功的感觉",水平五的社会适应目标"正确处理体育活动中竞争与合作的关系"等,它们必须通过运动参与和运动技能这两个学习载体才能真正得以体现。这就要求同一个学习内容要兼顾多种学习目标,运动技能的教学要改变过去只是传授运动技术的方式,应成为完成多种学习目标(包括心理健康和社会适应的目标)的手段。

五个方面的具体目标是指期望学生在各个学习方面达到的学习结果,课程总目标通过各个方面目标的达成而得以实现。高校体育课程标准将课程总目标细分为五个方面的具体目标,从而使课程对每一个方面的学习要求进一步明确化。下面我们主要以大学阶段水平五的目标为例做进一步说明。

1.运动参与目标

运动参与方面的学习目标是:具有积极参与体育活动的态度和行为;用科学的方法参与体育活动。

运动参与是学生发展体能、获得运动技能、提高健康水平、形成乐观开朗的生活态度的重要途径。运动参与的目标提示我们,课程非常重视通过形式多样的体育教学手段和丰富多彩的体育活动内容,培养学生参与体育活动的兴趣和爱好,形成坚持锻炼的习惯和终身体育的意识。不仅如此,还要使学生掌握科学锻炼身体的方法。

大学阶段,要着重让学生体验参加体育活动的乐趣;大学阶段,要注重让学生形成终身体育的意识和能力。

这一方面目标的提出表明:体育与健康课程非常强调培养学生参与体育活动的兴趣和爱好,从一定意义上讲,甚至可以认为积极参与的态度与行为比仅仅学习某一运动技能更重要;体育与健康课程强调学生积极参与体育锻炼的同时,还要求学生懂得科学锻炼身体的方法,提高在体育实践中运用科学锻炼理论的能力;体育与健康课程应面向全体学生,充分考虑学生的身心特点和兴趣爱好,注重凸显学生学习的主体地位,给学生参与活动留有充分的时间与空间,鼓励学生进行自主学习和探究学习,使之形成坚持锻炼的习惯,培养终身体育的意识与能力。此外运动参与目标充分体现了体育与健康课程的性质,有助于体育与健康课程其他目标的实现。

2.运动技能目标

运动技能方面的学习目标是:获得运动基础知识;学习和应用运动技能;安全地进行体育活动;获得野外活动的基本技能。运动技能目标是体育与健康课程的主干学习目标,运动知识与运动技能的学习、改进、巩固与提高是体育与健康课程学习的中心,并贯穿在体育学习过程的始终;同时,运动技能的学习又是实现其他方面学习目标的载体。

大学阶段,学生将学会多种体育游戏和身体活动方法;应充分尊重学生的不同需要,引导他们根据自己的具体情况选择一至三项运动项目进行较系统的学习,发展运动能力。

3.身体健康目标

身体健康方面的学习目标是:形成正确的身体姿势;发展体能;具有关注身体和健康的意识;懂得营养、环境和不良行为对身体健康的影响。

身体健康目标强调,体育与健康课程在重视引导学生积极参与体育活动、发展体能的同时,注意使学生了解营养、环境和不良行为对身体健康的影响,形成健康的生活方式,有效地提高学生的身体健康水平。

根据学生身体发展的规律,本领域要求学生在某一水平学习时侧重发展某些体能,并在其他水平学习时注意促进这些体能的发展。此外,在大学阶段还应要求学生着重了解营养卫生和青春期卫生保健常识,要求学生形成良好的生活方式。身体健康目标还强调学生的身体健康水平要与其体能状况紧密相关,要求体育教师根据学生体能发展的特征来确定目标、安排教学内容,全面发展学生的体能。

4.心理健康目标

心理健康方面的学习目标是：了解体育活动对心理健康的作用，认识身心发展的关系；正确理解体育活动与自尊、自信的关系；学会通过体育活动等方法调控情绪；形成克服困难的坚强意志品质。

大学阶段，应侧重使学生了解和体验体育活动对心理状态的影响，敢于展示自我；应侧重发展学生运用体育活动等方法改善心理状态的能力。

5.社会适应目标

社会适应方面的学习目标是：建立和谐的人际关系，具有良好的合作精神和体育道德；学会获取现代社会中体育与健康知识的方法。

社会适应目标表明，体育与健康课程十分强调体育活动对于发展学生的社会适应能力的独特作用。大量的研究与实践证明，经常参与体育活动的学生，其合作和竞争意识、交往能力以及对他人、集体和社会的关心程度都会得到提高，而且学生在体育活动中所获得的合作与交往等能力能迁移到其日常的学习和生活中去。这就需要在体育教学中特别注意营造友好、和谐的课堂氛围，采取有效的教学手段和方法，培养学生的社会适应能力。

第二章 高校体育与健康课程的教学策略改革

体育教学策略是指在"健康第一"的思想指导之下，教师为了实现体育教学目标，根据教学过程和教学情境特点，对所建立的教学问题的解决方案实施过程进行的系统决策活动。在这一决策活动中，既有对教学方式方法的选择和运用，又有对教学设计、教学过程、教学评价的控制和调节。正确认识教学策略的含义，理解影响体育教学策略设计的因素和体育教学策略的基本特征，对促进教师提高有效体育教学行为，有着重要意义。

第一节　体育教学策略与有效体育教学行为

一、对教学策略的理解

教学策略不仅能对教师的教学过程进行调控，而且对提高教学质量起着重要促进作用。

"教学策略是教师为了实现教学目标，根据教学情境的特点，对教学实施过程进行的系统决策活动。"这一概念有助于我们对教学策略特征的理解。

（一）教学策略的设计与选择，应以学生的学习策略为基础

在教师与学生的双边活动中，教师为促进学生达到教学目标，必须对学生的学习策略即学生的元认知知识与体验，学生对学习的调节与控制能力，学生的学习方法等情况进行分析、研究，在此基础上对各种教学方

法做出明智的有效选择。教学策略不同于一般的教学方法,含义比教学方法要宽广,层次也更高,是将教学方法的选择置于广阔的、动态的教学情境中,置于教学方法选用的各种变量之间的关系中。在教学活动中,教学方法为教学策略服务,教学策略又通过各种教学方法的选用而得以实现,此时的教学方法已提升到策略性水平。

(二)教学策略的运用是一个动态过程

教学策略的建构和使用是伴随着教学活动的展开而形成的。经历了两个过程,一是在具体的教学过程中的选择和使用,为提高教学行为和效率而逐步形成和发展。二是在教学过程中教师为了促进学生对学习内容的理解的掌握,必须运用有效的教学方法进行调控,此时的教学策略已成为沟通方法与内容之间的操作系统。

(三)教学策略是教师教学思维能力与教学行为活动的统一

对于教学策略的建构过程,从思维活动来说,教师元认知意识(含元认知知识、元认知体验、元认知调控三个方面)和对教学的调控是头脑中思维智慧技能的内部意向活动,支配和调节着教学活动的外部操作,具有内隐性特点。这时,直观上我们无法判断教师是否在进行教学策略建构活动,只能通过教学活动的变化来审视建构活动的存在。因此,作为教学策略的重要内容的教学方法的使用来说,这是一种特殊的操作活动,具有外显性特点。在教学策略的整体活动中,二者是辩证统一的,思维智慧技能活动通过外部教学操作行为得以体现,同时,教学操作行为是在思维智慧技能的调节下进行的,又通过思维智慧技能的调节发挥出更大的能量。

(四)教师的教学策略会随着教学目标期望和教学内容的难易程度的改变及学生的差异性等发生变化

教师在教学的过程中会形成许多教学策略,这些教学策略在具体的教学过程中并不是机械地运用,而是要根据学习内容的特点和期望的学习目标灵活地选择、应用和调整。

二、对有效体育教学行为的认识

当一名体育教师具有良好的教学策略思想,并能对教学全过程实施系统的决策活动,那么他在教学中定会显示出良好的有效教学行为。有效教学理论认为"教学作为人类重要的社会活动,本质就是人与人的交往,既体现了一般的人际关系,又在教育的情境中生产教育,推动着教育的发展,体现出的功能就是有目的地挖掘人的潜能,促进人的身心发展的一种有效的实践活动。"还有学者更为明确地指出,有效教学"是指教师遵循教学活动的客观规律,以尽可能少的时间、精力和物力投入,取得尽可能多的教学效果。"

鉴于上述认识与分析,有效体育教学行为应体现在以下几个方面:

第一,清晰地授课方案。从课的教学方案的制定到执行,教师要知道学生的体育知识、技能、体能、学习态度与兴趣等,能清晰准确地为学生提供适宜的教学目标、内容、方法等信息,使学生对体育教学"学什么""如何进行"有一个清楚的认识。要在课的进行中根据学生的学习进程的差异调整教学策略,重新确定新的目标及方法。

第二,明确的目标导向。教师要善于根据教学目标和学习进程提出相关的教学"问题串",适合学生认知水平,并逐步引申,问题紧扣目标并贴近学生体育学习的生活实际,让学生乐意回答问题,思考问题,按问题引导的方向进行身体练习,同时学会有效率地处理与课堂学习目标无关或干扰教学的问题。努力让课的每一分钟都用在学生有效身体练习与学习上,真正地享受体育学习。

第三,多样化的教学方法。教师要善于多样化地或灵活地呈现学习内容或身体练习的形式。一是让不同类型的教学问题、课时节奏和教学序列结合起来。为此,教师要认真研究与思考设计问题类型和提问的艺术。二是体育教学的准备与开课五分钟,场景的设计与视觉效果,学习方式(后面将重点阐述)的运用。三是体育教学活动转换过程中,教师应及时准确地发出信息,指导学生明确练习的目标与要求。

第四,学生积极参与练习。教师要善于引导学生积极参与以身体练习与活动性体育游戏为主的体育运动。在运动中,学生能表现出浓厚的学习兴趣,认真的学习态度,积极投入体育学练过程,呈现出顽强的意志品质和团结合作的精神。学生投入活动的过程时间,与教师的目标导向和学习内容的度与量相关,为此,教师的目标导向应该为学生提供最多机会和时间,去学习体育学科教学评价中的主要内容,特别是提高学生的体质健康水平。

第五,关注每名学生的体验与收获。善于让每名学生在教学中都有所收获、体验和成功。体育学习的收获、体验和成功主要是在参与运动练习的实践中呈现的。体育学习内容的难易程度和运动量大小及练习方式等,是影响学生参与程度和学习效果的最主要因素之一。教学实践中的研究表明,教师的目标导向和学生参与程度与学生的收获、体验和较好地掌握运动技能相关性很高。为此,体育教师应善于指导和帮助每名学生建立良好的自我期待和提高学生自信心,热情、清晰地为每名学生提供指导与鼓励的信息。给学生提供的信息有两层含义,一是学生对体育知识、运动技能方面的信息;二是鼓励和激发锻炼热情,提高学生自信心与自我期待的信息。

三、影响体育教学策略设计的因素

体育与健康课程是一门以学习体育与健康知识、技术和方法为主要内容,以身体练习为主要手段,以发展学生体能和增进学生健康,培养终身体育意识和能力为主要目标的必修课程。学生直接参与各种身体练习,进行运动技能的体验、学习与活动性游戏,是一项体力活动。它和智力、情感、意志活动紧密结合,融为一体,同时,学生身体还要承受一定的运动负荷。上述的学习特点具有很强的实践性。从操作层面来说,体育教学策略包括对教学过程(是一个多目标、多层次、多形式的过程)及符合课程目标的内容的选择与安排,对教学方法、步骤、组织形式的选择,以及特殊生物性规律的思考(人体适应性和生理机能活动能力变化性等),由于这些因素的组合方式多种多样,随之带来教学策略的复杂多样性。

(一)教学目标是影响和制约教学策略的关键性因素

体育教学目标是多元的,既有知识与技能的学习,又要增强体能与发展身体,还要关注心理健康、培养良好的社会适应能力。当教学目标确定之后,意味着师生在教学过程中应做什么,如何做等等一系列策略活动全部围绕目标的达成去设计与选择,教学目标不同,所需设计与选择的策略也不同。即使是同一内容的单元教学,单元起始性教学与单元过程中及单元教学的结束前的教学策略也不尽相同。

(二)学生的主体状态是制定教学策略的重要条件

重视学生在教学中的主体地位,以学生发展为中心,帮助学生学会学习是现代教学的重要特征,也是体育教学的重要理念之一。在体育教学活动中,学生主体性表现在发展的主体性和学习的主体性两个方面。从发展的角度讲,学生是教学目标的体现者,体育学习的效果(或教学目标的实现)是通过自身的身体和心理的行为变化而表现出来的。从学习过程来讲,每名学生都是学习的主体,学习的主人,必须以身体练习和技能学习为主要手段,才能使体育学习正常进行,学生的学习积极性是保证达到体育学习目标的基础。因此,我们发现,体育教学中的学生起始状态下,无论是发展的主体性,还是学习的过程性,都涉及教师的教学起点和教学策略的设计与选择。

体育教学中的学生起始状态,主要是学生对体育学习兴趣、体育基础知识和基本技能水平、身体与心理发展水平及其与同伴间合作互动等方面的适应能力。学生体育学习的初始状态决定着教学的起点、教学策略的设计与选择,必须从起点出发进行具体分析。如果仅根据教学目标制定教学策略,无视或缺乏了解学生体育学习的初始状态,那么所设计的策略就会因缺乏针对性而失败。

针对学生不同的体育兴趣,可采取不同的教学策略,一是采取与学生兴趣浓、偏爱的运动项目一致的匹配策略;二是针对学生兴趣低、不爱好,但对学生的发展有很强促进作用的运动项目(如体操),加以改造,降低动作技术难度,简化规则,采用教材化、趣味化的诱导策略。现代教学理论认为,教学应在学生学习的"最近发展区"开始,才能达到最佳效果,而学生学习的"最近发展区"与学习的初始状态有密切联系。体育教学过程是一个动态过程,随着学习活动的深化,情境的改变,身心发展与知识技能掌握,适应能力的提高,学生的"初始状态"与"最近发展区"也在变化。为此,我们的教学必须"以学论教,为学而教",以学生的学习状态为基础,采用相应的教学策略,才能有效地促进学生主动地和创造性学习。

(三)教师的自身特征是制约有效教学策略设计或选择、运用的主要因素

教师的自身特征是影响教学策略制定有效性的主要因素。教师自身特征主要是指教师的教学思想、体育专业知识与技能水平、教学态度、教学经验与教学风格、心理素质等。在教学过程中,教师是设计、调控、实施教学过程与教学策略的主体,一般倾向于选择与自身教学思想、知识经验、技能水平、教学风格、心理素质相一致的教学策略,师生双向活动中所呈现出的教学行为必然是该教学策略思想的反映。

例如,对布卢姆"掌握学习"教学思想理解较深的教师,会采用与其相适宜的教学策略,教学设计中注重对运动技能动作的分解与组合,以"小步子、台阶式"循序渐进的学习,同时还注重学生体育技能学习上的差异性,对技能掌握较慢的学生投入较多的时间和精力,使每名学生在技能学习上都有所收获。教师的专业知识和教学经验也是影响教学策略设计与选择的重要因素,他们能够根据教学环境及学生的需求,"一根绳"可以设计出多种花样的跳,不同形式组合跳,不同方式投掷类游戏,且学生兴趣盎然。此外,教师的技能水平、教学风格、心理素质等,也在一定程度上影响有效教学策略的设计与选择。例如,擅长球类运动教学的教师,常会安排学习球类的内容,采用游戏性与合作性教学策略,注重技术动作的组合与简单战术的结合,多种形式的协作配合。教师若对"快乐体育"教学思想领会较深的话,就会挖掘教材内涵,探究学生学习的"最近发展区",设计几个紧密相关的教学问题,采用"主体体验"教学策略,让学生在不同层次的练习中体验运动乐趣,深化技能学习,学生在运动中虽累有乐,虽难有趣,享受着学习的乐趣;当变换形式及技能动作重新组合时,学生设计出更好的组合时,大家享受到创新学习的乐趣。

因此,在设计与选择教学策略时,不仅应重视教学目标和学生的起始状态,教师还应发挥主观能动性,充分发挥自身积极因素在设计与选择有效教学策略中的作用。同时,教师还应不断学习,有意识地克服自身的消极因素及对教学策略的不利影响。

四、体育与健康教学策略的基本特征

教学策略既不同于一般的教学原则,也不同于在某教学思想指导下构筑起来的教学模式,而是可供教师和学生在教学中参照执行或操作的具体方案。它有着明确的具体的内容,是具体实施教学活动的基本依据。它具有实践性、整合性、可操作性、灵活性和层次性的基本特征。

(一)实践性

大学体育与健康课程教学具有鲜明的实践性,有别于其他学科之处,是一门以身体练习为主的技能性课程。学习的结果不是体现在认知性知识的积累与深化上,所关注和表现的是体能的增强,技能的形成与方法的掌握,行为态度的改变,养成了坚持进行体育锻炼的习惯,形成了健康的生活方式和积极进取的生活态度。

身体练习与运动技能的形成是实现学习目标、增强体质的载体,在其实践过程中,教学策略首先要思考的是特殊性生物体——人的技能形成规律,人体机能与适应性规律。良好的体育行为与健康生活方式的形成,需要学生主体在学习与生活实践中形成。人体的运动实践过程就是教学策略的实施过程。

(二)整合性

体育与健康课程的整合性,体现在课程的多种内容、多种功能、多种价值的整合上,是以体育为主,同时融合健康教育内容的一门课程。教学策略的设计与选择应强调在教学过程中关注学生学习体育与健康知识、技能和方法的同时,充分发挥课程的教育功能,高度重视学生的健康水平,促进学生的身心协调发展,培养学生的集体主义、爱国主义和社会主义精神。设计与选择教学策略必须对体育教学系统中的教学目标、学生、教学内容、教学条件、教学方法、教学组织形式及体育场地器材、媒体等要素加以综合考虑。在教学实践中，上述诸要素是综合的、密不可分的，有着本质的联系，共同在教学活动中发挥作用。因此，教学策略的设计必须采用系统科学的理论和方法，针对具体的教学需求与条件，对构成教学策略的各种要素进行综合考虑，切实组合成最佳的实施方案，以实现教学目标。

(三)可操作性

体育教学策略既不同于一般的教学原则，也不同于在某种教学思想指导下建立起来的教学模式，而是可供教师和学生在教学中参照执行或操作的体育教育教学具体方案。它有着明确具体的体育与健康知识与技能学练的内容与方法，是具体实施教学活动的基本依据。而教学原则和教学模式均不涉及这一层次的问题。教学模式只是规定了某种教学内容的一般程序，并不涉及如何做的具体指导；教学原则超脱了具体教学内容，只是教学规律的表述。因此，教学模式、教学原则侧重的是指导性、理论性，而体育教学策略为教师提供了如何教好学生的使用技术与方法。因此，体育教学策略具有操作性与实用性，理解与掌握之后，就易于物化到教学活动中。

(四)灵活性

体育教学策略既要关注多种内容、多种功能与多种价值的整合，同时，又要涉及多种教学要素，因此，想建立一个"全能式"的大而全的教学策略是不现实的。应根据目标、内容与任务的要求，结合学生的实际情况，将适宜的教学方法、教学组织形式与教学情境组合起来，以达成特定的目标，完成特定的教学任务。例如，体育教学中的对抗性运动内容的学练活动与非对抗性运动内容的学练活动教学策略就不相同；而直接对抗性的篮球、足球的技战术教学策略也不完全同于隔网对抗的排球技战术教学策略。何况学习过程是不断深化的，学生之间还存在着差异性，所以每当教学目标、内容和教学对象发生变化，教学策略也应随之而改变。同一个教学策略对不同的学习群体会产生不同的教学效果，而不同的教学策略施教于同一学习群体也会有不同的教学效果,所以教学活动中教师要依据实际情况灵活运用教学策略。

(五)层次性

在教学实践中,学生体育学练的知识、技能与情感等方面处于发展变化之中,不同的学习阶段和学生不同层次的需求需要有相应的教学策略,才能促进学生有效地学习与发展。因此,教学策略是有层次的,不同层次的教学策略有着不同的教学功能。正如体育知识学习、技能的形成及人体在运动中身体机能和心理情绪皆有其自身的发展规律,体育教师必须善于根据不同阶段的特征及学生的具体情况采取相应策略,进行教学调控。

教学中的调控,首先是以教师的反思为特征,要求教师在教学活动中不断地获取教学活动各要素变化情况的有关信息,时时反思和检查教学活动效果,并及时调节教学活动的相关方面和环节。其次是着重关注学生在实现教学目标的学练活动中,在教师提示、点拨之下资源生成、过程生成和生生间的优化互动情况,从而为提高学习资源生成的质量,提高学生对学习过程的分析比较能力,形成新学习方案,提高师生、生生互动程度和质量等方面进行调控。最后是在教学活动中充分发挥学生主体作用,营造适宜的教学情境,给学生主动而有效的学习时间,指导学生学会关注自身发展与关注同伴练习的实践情况,教会学生在体育学习实践中自我反思与调控。

第二节 接受式学习的教学策略改革

一、接受式学习的含义与特征

(一)有意义接受式学习的含义

从教育心理学的角度分析,依据课堂学习中知识的来源和学习过程的性质,学生获得知识、技能信息有两种方式:一种是"接受"的方式,另一种是"发现"的方式。在实际的学习和教学实践中,这两种学习方式都有存在的价值并适用于特定的条件,二者是相辅相成、相互作用的关系。

从体育与健康课程来说,有意义接受学习是一种主要以教师为中心来提供知识与技能信息的直接教学策略。教师的作用是以尽可能直接的方式把事实、运动技能规则(特点与规律)、动作序列传递给学生,同时还伴随着解释、示范和学生大量适时、适度、适量的运动练习和反馈,在体育运动的知识(关于规则、运动的作用等事实性知识)、运动技能的获取教学中,应将直接性教学方法和间接性教学方法看作一个连续体。因此,对大学生的体育学习来说,有意义接受学习仍然是掌握基础的体育知识,基本的运动技能,全面发展学生体能,提高运动能力的一种主要的体育教学方法。

(二)体育教学中有意义接受学习的特征及条件

体育教学中的接受学习特征是指学生利用各种感官直接感知体育运动中的客观事物或现象而获得体育知识与技能。教师所提供信息的方法有:以语言传递信息为主的体育知识、技术的讲解法,以直接感知运动表象和动作技能特征的动作示范法,直观教具或媒体的演示法,纠正错误与帮助法及其身体练习法。

什么时候适合进行直接教学,也就是说有意义接受学习的条件是什么?在教学实际中,无论是接受学习还是发现学习,都有可能是机械的,也有可能是有意义的,关键是看能否满足有意义学习的条件。在体育教学实践中有意义接受学习必须具备以下三个条件:首先,学习的体育运动知识、技能具有一定的逻辑意义,该运动知识、技能具有完整的结构,又是可以分解的,且又具有实质性的联系。例如,学习支撑跳越障碍(支撑分腿腾越),动作可分解成助跑起跳—腾空—支撑分腿、推手—再次腾空—屈膝缓冲落地五个紧密相连的部分,有效完成前一个动作是实现下一个动作的前提和基础。第二,学生必须具有参与该项运动练习(有意义学习)的兴趣与要求,为此,教师可通过有效形式说明支撑跳跃运动的价值、功能,激发学生学练的欲望。第三,学生原有的运动知识、技能结构中,应已初步具有关于助跑、并腿向上、向前跳跃、腾空分腿以及向前跳、屈腿缓冲落地等知识与技能,这就为学生学习新动作——支撑跳跃,奠定了很好基础。

以上阐述的有意义接受学习的三个条件的示例中,可以认识到在学生从教师那里获得新的信息、技能的直接教学中,学生已有的认知、技能水平是十分重要的。有意义接受学习"新知识的获得是一个主动的接受过程,是新旧知识的同化过程,是新知识的潜在意义得以实现的过程。"

二、接受式学习的教学策略

有意义接受学习是以教师为中心的策略,教师以语言传递信息,学生以直接感知运动表象和动作技能特征及身体练习实现教学活动。因此,接受学习只有运用于合适的教学目标,恰当的学练内容和适宜的练习时间,才能使接受学习有意义并达到期待的教学结果。

(一)有效地呈现和组织新学的技能教学内容,并赋予结构

呈现方式可以是精练地讲解或出示挂图等形式。以大三年级学习向前跳跃练习和蹲踞式跳远为例。教学中首要要素是以小步骤呈现教材,课时必须以分解的学习内容出现。

课时内的学习内容必须细化为多个有效且紧密衔接的步骤进行学习。结构的呈现及分解,关键之一是能吸引学生的注意,激发学生的兴趣,同时注重每次学习目标、内容集中在一个问题上,呈现时要使学生在教师呈现下一点之前掌握稍前一点。

关键之二是引导学生能够明确几个关系:建立部分与整体关系,学习好每一个小步骤,上每一个小台阶均是一次过渡,均是一次迈向目标的提升;鉴别序列关系,教学内容的组织是按照技能特征顺序安排,教师所教的内容方式和学生要学习的事实、规则和动作序列在现实生活中发生的方式一样,这样既教了预期的内容,又教了正确的(动作结构)序列;发现组合关系,学练方法可根据动作序列分别采用分进式、连进式、递进式的方法,也可以根据学生学习过程特点不同,采用交叉混合式,以强化或解

决动作结构中相关联的衔接部分或薄弱环节。如蹲踞式跳远的助跑与起跳衔接问题，或起跳后腾空问题等寻找比较关系，在内容的比较中（可与向上跳跃和跨越式跳高比较），引导学生对不同的内容进行比较，可以使学生观察到它们的相似与差异，较好地理解它们的结构和所要学习的内容。

(二)有效地指导学生的练习，拓宽学生参与广度

在教学内容呈现以后，紧接着是引发期待行为的练习。学生在练习中，从认知上能说出或描述动作技能作用和过程，在学习的态度上能注意听讲，观察示范，积极参与练习的意识较强，为达到动作技能的掌握的目的，乐意做多次重复的练习，尊重教师的指导和同伴的意见，改进练习方法，提高练习质量。在接受学习的教学过程中，教师应经常进行有效的精炼口头提示、手势提示和教师亲自示范。提示有助于强化学生对正确动作概念的理解，可以帮助指导学生在动作练习中连接行为，并避免错误的发生。

示范是最直接教学活动，学生能从模仿示范动作，或者从观察中推断出要学习的行为。无论是教师示范还是学生示范，尤其是教师示范，示范动作应与先前学过的动作技能有联系。新学的动作示范准确，优美。示范动作的方向、速度、幅度，有利于学生观察和建立心理意象。

在示范后的学生模仿性练习中，学生经常期望的是教师某种类型的表扬和鼓励而不是批评。表扬应针对具体的动作技能，表扬的语言应亲切、诚恳，如"你的立定跳远的起跳，起跳与双臂迅速向前上方摆动的配合很好，若能再想一想，我们刚才讨论的起跳时双腿的爆发性用力问题会更好。"而不是"你的起跳动作差，你又没注意观察示范和听讲。"为进一步促进学生从模仿中受益，教师始终要观察学生学练情况，及时提示学生注意动作的关键环节，或请同学为全班演练后再说出动作过程及特征，也可以由学生根据教师示范的步骤加以想象形成心理意象，从而增强学生的学习动机。

(三)注重及时提供反馈和纠正,提高学生学练活动的注意力和参与态度

接受学习的教学中,教师如何及时处理学生对知识和技能掌握的正确与错误程度,是一个重要策略问题。问答是伴随课的开始,每一动作练习(小步骤之后)或课的结束时的思考为线索。有效的提问利于启发学生的思维,培养学生的思考能力和语言表达能力,同时还具有唤起和保持学生注意力和学习兴趣的作用。了解学生对知识技能学习的认知程度,提问应紧扣教学期望的结果,请学生围绕对内容的理解与掌握情况作简要描述。对于学生回答问题正确、迅速应予以肯定;对回答正确但犹豫的学生,要给予积极地反馈;对由于粗心而答错的学生,最佳的程序是表明该学生答错了,并立即转向下一名学生,寻求正确答案。这样做可以让粗心的学生意识到他(她)失去了由于回答正确而获得的表扬的机会。对由于不知道而出错的回答,这样的错误在课时和单元教学初始阶段容易出现,这时最好提供暗示、探询、简化问题或加以刺激,从而让学生寻找正确答案。用教师的策略疏导学生的思想,使他们产生正确答案,从而为学生提供了一个框架,促进他们能够正确回答以后的类似问题。

当学生的知识性回答和技能动作出现错误时,对知识性的错误回答,可引导学生复习、收集或与同伴研讨正确解答所需要的事实或信息;也可提供一个不同但相似的问题,指导学生做出正确的解答;也可提示正确解答的步骤、线索或暗示,利于学生思考,得出正确的答案。

对技能动作的错误,要善于对在技能学习过程中出现的错误进行纠正,并为学生掌握与提高技能进行帮助,这不仅是提高运动技能的需要,也是安全锻炼,避免运动损伤的需要。

纠正错误动作和进行帮助时,要分析产生错误的原因,才能选用具有针对性的方法予以纠正和帮助。产生动作错误的原因常表现在以下几个方面:一是学生对学习的动作不重视,不认真;二是学生对学习的动作技术概念不清;三是学生的学习能力较差;四是学生因心理因素或疲劳而学习情绪低落;五是学生受原有的技能的干扰。体育知识性错误的纠正方法,有的也适用于对错误动作的发生及纠正。但是,我们更应重视对已发

生的错误动作的纠正,要善于运用语言和直观的方法,激发学生的学习热情,乐于在反复的练习中逐步建立正确的动作概念,明确动作结构、顺序和要领。要善于根据动作错误性质和学生的差异性,采取条件限制练习法、诱导练习法及自我暗示法等,促进学习的深入发展。为学生提供自主学练的时间,促进学生在教师精心指导与组织的环境中将知识技能组合成动作序列。

有效的学练程序是教师根据课时教学目标,精选内容结合学情而设计的,当学生的学习热情已被激发,提供了反馈并予以纠正,此时的学生需要有充分的机会进行自主学练。在自主学练中,通过教师的指导和示范把知识、技能的概念、结构、顺序、要领和功能等融会贯通成一个有意义的整体。当一个完整的知识技能序列,或学习单元形成的时候,有意义的学习才会发生、发展。

从对接受学习教学策略的阐述,了解到要有意义地应用知识技能,学生必须理解熟悉这一知识技能。学生只有通过有效地反复地练习才能获得丰富的运动事例与联想,才能不断地提高知识技能水平。

为了保证学生课上积极地参与练习,应关注到以下几点:一是在课上第一个学练的动作技能中进行全班指导,这有助于形成一个明确的"小步骤练习"的开端;二是在引发和反馈练习之后,要立即着手安排下一个练习,这有助于学生明白自主练习和前面提供的指导练习是相关的;三是学生自主练习时,教师要亲临各小组观察、指导、提问及简单的对话,以利于对教学过程的调控。

第三节　自主学习的教学策略改革

一、自主学习的含义与特征

(一)自主学习的含义

自主学习既是一种学习方式,又是一种教学方式。从学习方式来说,是指学生在明确学习目标、内容的基础上,自觉、主动地进入学习过程,并取得高于原有水平的学习成果。这一学习方式的功能体现了学生在学习中的主体性、学习动力支配性和策略性等认知情感特性。正如有的研究者所提出的,这样的自主学习是建立在自我意识发展基础上的"能学",建立在学生具有内在学习动机上的"想学",建立在学生掌握了一定的学习策略基础上的"会学",建立在意志努力基础上的"坚持学"。从教学方法来说,由于大学生的学习具有间接性的特性和他们的心理正处于发展阶段,因此,大学生的学习需要教师予以有效地组织、帮助和指导。

"自主学习"的教学策略思想,应明确树立"学生是学习活动的主体,教师的职责是组织、帮助和指导学生进行学习"的教学观念。在教学过程中,教师采取有效地自主学习的教学策略,必然能促进学生知识和能力得到协调发展,学生知识和能力得到协调发展的同时会促进教师在教学过程中选择和应用更有效地教学策略组织学生进行自主性学习,从而实现了真正意义的"教学相长",教师与学生共同发展。

(二)自主学习的特征

根据前面所述,体育教学中学生自主学习有以下的特征:

一是运动参与的全程性。学生"自主"参与体育教学活动的始终,从教学目标到学练重点的明确,从动作技能学练方法到活动方式的理解,从学练程序推进到知识技能学习反馈的进行,学生均表现出积极的态度和行为。

二是参与学练的主动性。主动参与体育知识、技能的学习和反复身体练习,是体育学习的核心和本质要求。只有这样才能达到增强体质,促进身心健康的目的。同时,主动学练也是学生主体性表现。在主动学练中,学生应能表现出对体育与健康知识方法的理解与运用,对动作技能学练方法的选择,学习行为与运动负荷自我监控。

三是参与的情感性。自主参与运动练习是建立在学生内在的学习动机基础上。在自主学习中,学生应体现出自尊与自信,勇于战胜自我,不畏困难,在体育活动中有良好体育道德,善于和同伴合作,体育比赛中能与同伴合作,分配角色,共享体育运动的快乐。

四是参与的有效性。要求学生不仅自主学习是积极主动地学习,更应掌握良好的学习方法,做到"会学"。在自主学习中,应紧紧结合学习目标,使一切学习活动不仅是必要的,而且是有效的。自主学习中还应注意遵循特殊的生物性规律和动作技能形成规律才能有效学习,保证安全锻炼,防止伤害事故发生。

二、自主学习的教学策略

(一)充分了解学生的原有体育基础知识和技能水平,建立明确具体的学习目标,唤起学生学习需求

体育教学中我们常见到富有教学经验的教师在新课的起始,请学生简要回答与新课学习目标相关的已学习过的动作练习的特征、方法与运用等问题,或请学生进行示范并简要陈述其体验。接着提出超过上节课要求的学习目标与内容,请学生思考并复习上次课的练习内容。上述过程实际上是教师为获取或了解学生的知识与技能水平是否能支持新的学习目标的信息,同时在提问、对话、讨论和思考与练习中体现了自主学习的一种隐性的策略。在课的初始,帮助学生对已学过的体育基础知识、技能通过内化、理解、记忆的思维及其操作行为进行反思,此时的学生已逐步承担起学习的责任。

为使上述过程深入地发展,使学生在一个完整、真实的问题背景中产生学习的需要是十分重要的。通过"问题情境"和"目标任务"来唤起学生学习的自我需求,并充分发挥"认知定向"的激发与调节功能,让学生对体育学习充满激情,积极参与运动练习,使体育课程成为学生自己的课程。以"问题情境"和"目标任务"为线索组织学生自主学习,问题的设计应紧紧抓住课程内容的展开与学生心理发展同步。方法如下:

递进式的问题设计。设定一种学生熟悉的体育运动项目,将某个待解决的学习问题按所需的知识转化成系统化逐次深入的子问题,构成前后层次相关的"问题串",围绕问题展开相应的学练活动。例如,水平四关于学习和运用篮球运动中的运球技能。你所熟悉的篮球运动的运球方式有哪些?不同方式的运球在游戏或比赛中的什么样情况下出现,有何作用?动作要点是什么,你体验过吗?学习它有何意义,如何去学习呢?

主题分解式的问题设计。将较为复杂的综合性教学内容,加工分解

成学习主题,再进一步分解成群络式若干子问题,在教师帮助指导下,由学生组成小组进行学习讨论与实践。例如,水平四组织篮球教学比赛,根据所学习的内容,同学们应学会运用篮球运动的哪些基本技术,哪些基本的防守与进攻方法? 防守与进攻各方队员应如何实现配合? 基本比赛规则有哪些? 如何去观看比赛,如何对比赛中的典型运动行为作出安全与不安全的区分和评价? 可参照上述学习问题分组学习讨论,演练实践后,再进行交流,从而形成对篮球比赛的整体认识,保证教学比赛安全有序地进行。

想象、演练方式的问题设计。充分运用思维的超越性特征,启发学生对设定的主题充分认识,提高学生形象思维能力,展示表现力,创设多种教学效果。例如,水平四:你能像"天外来客"——罗纳尔多那样用身体10个以上的部位颠球吗? 你身体哪个部位颠球的次数最多,秘诀在哪儿? 你能像杂技演员那样用短绳跳出 10 种以上的花样吗? 你最欣赏的是哪种,它美在何处?

(二)引导学生围绕学习目标自主地进行练习,并对进程和内容做出有效调控,促进学生主体自主地实现体育知识与技能内化为自身的心理建构

体育教学目标对整个教学活动有着十分重要的导向作用。某一运动(或游戏)项目的动作练习、技能学习是实现目标的载体,通过练习实现知识与能力协调发展,实现身心和社会适应能力的发展。因此,对目标的描述和对学生学习的引导都应注重目标的多元化问题。相对于体育教学目标的终结性和抽象性来说,教学目标的特点既有历程性,又有具体的可操作性。为此,我们对学生的体育学习的引导调控,既要注重不同学习水平阶段,更要注重每节体育课教学的引导与调节。

第一,教师要用自己教学智慧和教学艺术,引发学生的内部需求,激发学生的内部活力,产生浓厚的学习兴趣,积极参与运动练习,并根据有限的知识与技能要点构建的问题序列进行思考,尝试与体验练习,在练习中分析完成动作的质量与最好方式,而不是对学习的"放任"与"自流"。

第二,教师对过程的调节在于观察与引导学生的练习,在内容上可提

示练习的要点,也可在动作形成的关键环节上适当提示与点拨,使学生能够以自己的方式结合学习目标对学练的体育知识、动作技能、练习方法与适宜的运动负荷进行诠释、理解、改造与重组,从而重新建构他们正在学习的东西,更接近于有意识的学习结果。

第三,在学习过程的调控中,既要引导学生进行有序的学习和探索,又要根据课堂实际进行必要的超越和调整,如善于根据学生个性及水平差异性提出不同的教学目标,运用不同的教学手段提供相应的学习支撑。

(三)在自主学练的基础上,可采用交互式教学,充分发挥合作学练作用

通过小组内学生之间的交流讨论,开拓所要学习的内容的机会。这一做法不是形式上的,而是针对学习目标、内容中关键环节来展示、提问、评价。教师此时要善于参与学生的交流和对话,并就学习目标中知识与技能的重点、难点回答学生提出的问题,鼓励学生对仍然不清楚的知识、技能的重点,做出更多地推测。通过师生之间、生生之间交流讨论平台,逐渐将学习责任转交给学生。学生在交往互动中,既学会了分析活动的过程与获得知识、技能与方法的成果,又感受、理解和体验知识、技能产生与发展的过程,促进了学生智慧能力的提高和主体人格的完善。

精选教学内容,使之既符合课程的性质与价值,又贴近学生生活,利于学生在自主学习中实现内心体育课程文化世界的需求。为此,特别需要教师对体育教材的选择及创造加工,使其贴近学生生活,变成发展学生体育文化素养的教学内容,赋予教材生命的意义。

第一,是呈现的教材内容结构化,要素明确,联系紧密,派生性强且学生喜爱,易于理解掌握;第二是内容问题化,根据学生心理发展特点确定学习层次,以有限的知识点构建问题序列,运用问题情境培养学生分析与解决问题的能力;第三是内容经验化,尽量挖掘利用贴近社会和学生现实生活的体育素材,使教材回归生活,注重学生自主体验性学习。例如,健身健美操是青年学生非常喜爱的运动,当学生们学习与掌握一定的基本步伐、上肢动作、组合要点及其配乐的技能后,教师可以启发学生思考,是否可以将街头篮球的相关健身动作改造加工呢?是否可利用武术动作元

素创编出搏击性的健身操呢？在教学实践中,不少教师进行了有益的探索,为学生自主性的体育学习提供了丰富的素材。

(四)积极引导学生反思自主学习的实践与练习体验的过程,强化自主学习的目标导向

无论是一个单元学习后还是一节课学习后,甚至一节课进行的不同环节中,教师均要注重引导学生反思自身的认知与技能形成和情感意志变化过程,启发学生领悟学习的思路与策略,让他们学会"怎样"学习。运用是为了促进学生将其所学的知识技能推广到各种新的学习情境中,从而加深对知识与技能的理解与掌握,学会灵活运用,实现知识与技能的广泛迁移,发展学生的自主学习能力。

第四节　探究学习的教学策略改革

一、探究学习的含义与特征

(一)探究学习的含义

探究学习最初是为了适应自然科学的教学需要而发展起来的,它的思维方法和探究程序适用于所有学科领域,在现实情境中凡是能引起疑惑的问题均可用于探究学习。探究学习既是一种学习方式也是一种教学方式。探究教学作为与知识接受教学相对应的一种教学方式,是由早期的"发现法"和"问题解决法"发展而来的。探究学习相对于接受学习来说,是学生在教师的引导下,以学生主体活动为主要形式,通过自己的探寻与求索,总结与概括,获得经验与体验,发展智慧与能力,形成积极的情感态度和价值观的教学实践活动。

作为体育与健康教学实践活动的一种学习方式,作为大学生在体育与健康课程学习过程中一种探究体验,探究学习在探究教学目标,探究教学重点、教学结果要求等方面与大学生的探究学习具有很大的不同。在实际操作中探究学习的教学要求是以转变学生的学习方式为出发点,学生学习体育的知识技能、概念原理时,以教师提供的事例和问题及适宜的

指导为线索,通过自己的观察体验、验证性活动、思考与讨论和探询及听讲等途径,自行发现并掌握相关的运动知识技能和原理与结论,培养学生解决问题的能力,发展学生创造性思维品质和积极进取的精神。从上述分析中,我们不难看出探询与体验法、解决问题法以及发现学习法等都是探究学习的不同方法。

(二)探究学习的特征

从学生方面来说,体育教学中探究活动既是一种学生与体育学习相关环境相互作用的建构过程,又是一种学生—学生—教师的互动中"内化"人类体育文化文明成果,获得经验与体验社会化过程。在这一过程中,学生的主体性、独立性得到充分展示,这种展示是学生围绕着探究的问题,运用自己已有的知识、技能、经验、兴趣去探索,和同伴、教师进行对话,研讨与认识解决问题的途径,最终实现问题的自我解决,建构了自身的体育学习的知识、技能的经验系统,并进行自我评价。

从教师方面来说,探究教学是以促进学生发展为目的,以学生的自主能动和创造为特点,有意识地让学生有较大的自由活动空间和时间,重视他们主动参与,强化他们积极活动,引导他们在学练实践中培育创新意识,促进学生素质全面发展。

探究教学是开放性与建构性的,方法灵活多样,强调学生在开放的情境与动态的过程中,善于和同伴、教师交流对话,有目的、自觉的主动活动去获取体育知识技能,建构自身的经验系统。同时,更强调教师的引导行为和意识的周到、有效和预见性。为此,教师要使自己成为学生的朋友、同伴,参与到探究活动中,成为探究活动的先行组织者,成为善于运用提问策略指导学生个性化的探索和发现活动的引领者,成为小组讨论的协调者。

二、探究学习的教学策略

确定有效的探究学习的课题(或问题)和简介框架或结构,使探究学习教学的内容组织转化成有意义关联的各个部分,这是对学生实施探究学习的重要环节。然后以问题为中心对其中一个部分(或内容)提出疑问,并提供解决这个问题所需要的相关步骤,在此基础上,启发引导学生独立探究学习。

问题:你能做出多少种类型投掷动作的方式? 这些动作是用单臂还是双臂投掷的,是从肩上还是肩下投掷出手的? 为使学习的知识概念与学生的生活实际结合,可请学生们再思考:不同类型投掷动作有哪些常见的运动项目,哪些是生活中常见的投掷游戏,你擅长于哪种方式的投掷等。学生通过思考与小组探究体验,较好地归纳与总结出表中相关的投掷动作分类及相关动作名称。

当学生获得了发展投掷能力的相关知识技能及其动作分类的框架之后,为更好地学习其中一种投掷方法,可采用问题引入。运用提问的策略,关键不在于以最快和最有效的方式得到正确的答案,而是激发学生学习兴趣,引导学生独立探究活动,在活动过程中不仅成功地构建更为准确的答案,而且这些答案是运用学生自己选择并在教师的指导下的个性化的探索和发现活动去获得的。

例如,问题引入方式多样,可从体育文化角度,也可从生活或竞技运动场景提出问题。你能说说著名雕塑"掷铁饼者"源自哪个国家,这种运动的投掷方式是什么样的,请徒手做做。你听说过田径运动的男子标枪比赛中,曾有运动员将标枪(800克)掷出百米之外吗? 如何获得这种神奇的投掷能力? 可结合投掷沙包的掷远、掷准,再次引出投沙包的动作结构和最后用力关键技能等。

善于引导学生对体育教学活动事例进行观察思考,促进学生在探究活动中获得范围较宽的具有普遍意义的观点,并对所观察的运动事例做出较为深刻的认识以及在相似运动情景中的运用,从而提高学生在体育知识、技能学习中的归纳与演绎(迁移)能力。

积极创设一个有利于学生进行探究发现的良好情境,并卓有成效地利用学生的经验(观点)、体验和问题,这是促进学生较高水平的探究思维活动的核心部分。

学生在教师指导下进行探究活动需要各种条件。如体育教学活动的场地、设备,自主活动时间,生—生—师互动、交流、对话的环境等,要利于学生乐于展开对话、交流,敢于发表不同见解。

例如,进行体操教学中,促进学生学习、体验和掌握基础的支撑、悬垂、攀爬、滚翻技巧及综合练习等知识、技能是其重要目标之一。教师可通过多种有效的方法、途径使学生亲历体操技能"生产过程",进而思考体操类的有关动作在现实生活中的运用,以及竞技体操的发展和社会功能。为此,在上述每一类动作的教学中,应十分注重以体育活动的探究体验为线索设计教学。关注学习体验活动的动态生成过程的规划及预测,关注活动的宽松和谐氛围,师—生—生相互理解、协调与配合,教学中情境设置充满情趣,引人入胜。

策略之一,特别强调的是关注学生对现实体育内容学习进行体验创造与加工,鼓励学生从自身的经验或信息媒体里设计出支撑、悬垂等各类动作的多样练习方式,以学生讨论和体验的支撑练习为例,可利用地面、家具、运动器械等进行支撑练习,单臂支撑、双臂支撑、综合支撑、直臂支撑、屈臂支撑、支撑移行、支撑跳跃、支撑摆动,在支撑中完成各种动作。

策略之二,介绍与推广有实效且富有创意的设想与创作,资源共享,使学生更简便和有效地学习。

策略之三,请学生从学习的体操动作中学会分类、对比和联系,如支撑与悬垂的区别,你会将支撑动作转换成悬垂动作吗?悬垂动作有哪些形式,你能做出多少种?滚翻动作中有支撑吗,滚翻动作在生活中实用意义是什么?

策略之四,教师要善于将观点同学生感兴趣和关心的事物及问题联系起来,从而鼓励学生对观点的理解、复述和运用。

第五节　合作学习的教学策略改革

一、合作学习的含义与特征

(一)合作学习的含义

合作学习是一种教育观念和教学实践,也是目前世界上许多国家都十分注重的一种富有创意和实效的教学理论与策略体系。我国在实施素质教育和新课程的推进中十分关注培养学生交流与合作的能力。这是由于合作学习将学习者结合成一个类似互动的组织,以知识、技能的学习为载体,为实现共同的学习目标开展学习活动。学生从社会互动中获取了他们在课内外进行独立思考所需要的基本合作态度,在与同伴就知识、技能及相关问题的学习中,交流情感与观点,从中形成学生自己的更为清晰的知识与技能结构及态度与价值观。随着合作学习的有效深入发展,必将对了解自我,培养良好个性产生积极的影响,从而开始获得一种对自己的整合感,促进学生学习能力和生活能力的发展,为学生在未来社会中学会生活和建设生活奠定了基础。

在体育教学中的师与生、生与生、学生个体与群体以及群体之间的合作交往互动,是教学赖以存在并得以表现的基本形式。在合作交往互动中以体育知识技能的教学内容和相关信息为载体,实现了师生之间、生生之间的相互沟通与应答。体育教学中的合作性学习,不仅仅是教学组织形式的简单变化,它关系着诸多集体性、对抗性的体育运动项目学习内容的实现,目标的达成。如球类运动、民族民间体育类的集体性运动项目以及体育游戏类活动,还连带着"教学问题"解决的广度和深度。

(二)合作学习的特征

从上述的分析和体育教学活动中,可看出合作学习具有以下特征:一是以学习小组为基本组织形式,小组的形成可采用异质分组,也可以是同质分组,应根据学习的目标和内容而定。

二是小组要有明确的共同学习目标,每名成员均要承担实现共同目标中的一定责任,为此,小组成员的一切活动必须紧密围绕着达成特定的共同目标而展开。

三是合作性互动是推进学习活动发展的动力资源,教师与学生和学习小组的适时交流互动,目的在于促进学生独立思考与学会交流,调控并参与小组合作,促进学习小组进入有序而生动的学习活动之中。

四是合作学习以小组的团体成绩为评价和奖励的依据。这种把个人之间的竞争转化为小组之间的竞争机制,有利于促使小组内部的合作,使学生在各自的学习小组中尽其所能,得到最大程度的发展。

综上所述,合作学习是学生在教师指导下的以学习小组为基本组织形式,以合作互动为基本特征且具有明确个人责任的合作互助学习,以团体成绩评价标准,共同达成教学目标的活动。

二、合作学习的教学策略

(一)善于引导学习小组或团队成员之间建立积极的正相互关系

合作学习的每个小组的成员之间,或个人与小组之间是同舟共济、荣辱与共的关系。每名成员都应对所在小组的其他同伴的学习负责,并将合作学习视为实现共同目标及每名成员学习与发展的主要途径。为此,教师要处理好与学生及学习小组的互动关系,同时关注对学习小组中学生之间的合作互动的支持与调控。

在合作学习过程中教师与学生互动的一个目的是促进学生独立思考,这同学生自主学习中的教师指导是一致的,因为合作学习和自主学习的目标是互补的。但是,在合作学习过程中教师与学生互动的方式与自主学习有所不同,教师面对的不仅是一名名学生,而是一个个合作学习小组,而且这些小组具有共同的目的。因此,教师应拓展互动以适应多数小组学生所共有"最近发展区"的相关问题。例如,体育教学中的健身健美操学习,课的后半时多为小组创编练习或队形变化练习。教师若能在关键时刻(或学习环节)简短而集中的介入,引导监控并与小组合作,然后撤出,由学习小组对教师给出的新观点或新信息加工处理,从而有力地推进了学习小组思维发展,知识技能的形成过程。

在合作学习小组中,学生之间的互动性、学习的强度大且时间长。如在体操类的技能动作的学习过程中,实施合作学习,两人或三至四人为一组,互相观摩学练,相互保护与帮助,与自主学习不同的是虽以自主学练为基础,但在合作学习的小组中学生逐渐担负起相互学习的责任。学生与学生在共同任务的促进下凝聚在一起进行合作,从而可以从同学中最接近、最直接的渠道获得合作、支持和反馈。教师若对小组中学生之间的互动学习予以适时、适度地支持和点评,那么每名学生促进同组的同伴完成任务的欲望将会更强烈。同时说明了合作学习和自主学习可作为相互补充的学习策略,其中一种学习方式可以加强在另一种学习方式中掌握的技能。

(二)选择适宜的教学内容,确定明确的目标导向与角色职责

根据具体的教学目标选择适宜的教学内容并组成合作学习活动结构的材料,是促进有效的学生间合作学习的重要条件。但是,在教学实践中常见的一些所谓合作学习,既无明确目标和共同的话题,又无承担完成共同任务中学生个人的责任,只是形式上的一般讨论,交流,并未达到预期效果。为使合作学习活动有效地展开,教师务必事先做好计划,在教学目标上应突出教学的情意功能,让每名学生都能体现出高度的合作意愿,追求教学的认知与情感、技能与人际交往上的均衡发展。小组活动中要进行角色分配,明确其职责,并使每个人的角色互补与相关,既强调每个人都承担一定的责任,又强调协调配合,小组的成功取决于所有成员的努力。小组之间甚至会相互竞争,主要是为了产生比其他小组更好的部分或更高质量的动作技能水平。它的目的并非产出最终的动作技能水平的竞争,而是通过竞争促进小组内部的合作水平。正如排球比赛那样,双方球员上场各6人,双方6名队员都以网上争夺能战胜对手为目标,但6人各有分工,有二传手,有主力进攻与副攻队员,有"自由人",但一次次成功的进攻得分,都是靠全队默契配合的成功接发球、巧妙的二传和一锤定音的扣球,真是每一个环节都要完美无缺,每一个人都不能少,体现了合作的最佳境界。

(三)学会合作交往的技能,促进学生高水平的思维和技能学习活动的发展

合作学习中每个人首先要具有高度的合作意识,同时要学会乐于积极参与小组活动,学会善于和同伴合作交流的技能与方法。教师在教学活动中应注重引导学生认识合作交往技能对其学习活动及其技能发展的重要价值,既能使学生在小组学习中学到更多的东西,得到更多的信息,使其知识面拓宽、加深,同时对学生与家人、朋友、社会的和谐相处以及未

来事业上取得成功都会产生潜移默化的影响。

教师要善于在合作学习中,结合小组合作进展情况的反馈,引导学生进行合作技能的评价,以促进学生合作技能的逐步形成。

(四)营造有利于合作学习的教学情境,紧紧把握合作机会

个人的责任意识是完成共同任务的内在基础,实现资源共享合作教学认为,组织学生学习的情境主要有竞争性、个体性与合作性。合作性情境对合作学习最为重要,大量的学习活动尤其是体育教学活动是以合作学习方式进行的,它将合作、竞争和学生个体行为融为一体,将合作承担的共同任务作为联系团队成员的纽带,将个人的责任意识和责任行为作为实现团队目标的基础,并进行优化组合利用。如体育教学比赛把个人之间的比赛变为小组之间、各队之间的竞争,将个人改为小组计分,以小组总成绩为评价奖励或认可的依据,由此使得教学比赛的评价重点由鼓励个人竞争达标转向集体合作达标,从而激起全体成员人人为集体追求进步,个个为集体辉煌奋勇拼搏,共享成功的乐趣。

合作学习的分组应以合作学习需要多样性为基本原则,一般以混合分组,称之为异质分组。其形式有:一个活动小组学生的体育基础知识与技能水平可不尽相同;学生的能力(多元智能)优势不同可组合在一起;男女生可混合编组;家庭背景不同的学生混合编组。从而使小组活动中有更多、更丰富的信息输入和输出,可以激发更多的观点与创新的火花,使全组形成更深入、更全面的认识,进一步达到了资源共享。

合作教学情境是处于动态之中的,教师在运用上述策略的同时,还应关注以下问题:一是在学生的合作学习过程中要及时观察了解有关情况,及时指导与点评;二是要预见到合作小组学习过程中何时需要帮助,以及个别学习小组进入艰难困境提供重新指导,对遭遇挫折的学生提供情感支持和鼓励;三是在参与学习小组互动中,要善于发现学生所想所为,征求学生的意见,改进教学工作。还要关注到合作学习中团队及学习小组辅导的个别化问题,从而真正实现教师学生共享教学的欢乐。

第六节　情境认知与情境学习的教学策略改革

一、情境认知与情境学习的含义与特征

情境认知与情境学习的理论始于 19 世纪 70 年代后期至 80 年代后期,由认知心理学和信息加工理论的理论研究者提出,"认知心理学应该做出更加现实主义的转变,主张以生态学的方法取代信息加工的方法,强调研究自然情境中的认知,更多地关注环境对智能的影响。由此,情境认知成为一种能提供有意义学习并促进知识向真实生活情境转化的重要学习理论。"在现实的教学活动中,充分运用学生的生活经验与学习体验,对学习和获得新的知识与技能是十分重要的。

从体育教学来说,教学情境充满教学的整个时空,伴随着教学活动的全过程,包含心智、情意氛围,交往问题背景,学习条件等各个方面。情境创设可分为智力情境和非智力情境两大类,通过创设多种形式的教学情境,作用于学生学习心理过程的心向情境,内容呈现方式以及合作交往过程的反馈调控等手段,从而促进学生体育知识技能学练活动中的内在体验。因此,理想的教学情境是实现教学活动成功的关键。

情境教学的基本特征有以下三个方面:一是以学生的发展为中心,即每名学生都是理解与掌握知识技能和建构意义的主体,情境教学的设计与实施必须根据学生认知与技能、身心发展的实际状况精心设计。二是以现实情境为基本条件,基于现实世界的真实情境是学生学习的基本条件,所提供的情境与场合知识必须符合现实情境。例如,在经济欠发达地区推进体育课程标准,教学内容的选择,可因地制宜精选青年喜爱的、容易普及教学的、健身效果好的体育项目,然后逐步提高。三是以难度适宜的问题为中心,从学生的知识与技能的建构意义的过程本质来说,体育学习过程是一个个真实问题的解决的过程,一个个技能形成的过程,并以知识、技能形成过程为载体,实现三维健康观。

二、情境学习的教学策略

根据情境认知、情境学习的理论,强调运用于以技术学习为基础的学习,使学生处于一个完整、真实的问题背景中,借助应用已掌握知识的情境,通过自主学习和与同伴合作学习,亲身体验,发现新的学习的必要,从而树立并达到学习目标的全过程。为此,教师应善于引导和帮助学生在真实情境中确认学习目标,教师预先教授和指导学生学习而获得的知识、技能、方法,是引导学生继续前进、深化学习的资源和路径。

情境的创设要适合学生认知水平和心理特点,以利于促进学生在这一系列的教学情境与活动过程中获取知识,掌握技能,发展体育学习中解决问题的能力。在体育课程标准实施中,在精选教学内容上给了体育教师和学生很大的发展空间,根据“一标多项”和“一项多标”的思想,即实现一个方面的教学目标可以通过多种项目学练形式;一个运动项目的功能不是单一,而是具有多种价值与功能,所以同一个运动项目的学练可以实现多种教学目标。例如,体育教学中的健身健美操的学习,可以徒手,亦可以持轻器械,轻器械中有绳、橡皮筋带、彩带……还可以运用生活中的实物椅子进行形体健身操,可创设的情境数不胜数,在这样的情境中学练,真正让学生获得了生命的体验,以愉悦的学习促成了学习的愉悦。

情境内容要注重从学生的生活世界中选择,打破学科世界与生活世界之间的界限,引导学生由生活走向体育,再由体育学科回归到生活世界。目前很多新兴的体育运动项目,轮滑、滑板、攀岩等的出现和逐步开展正说明这一问题。在大学体育教学中,精选了贴近学生生活的“主题式”的体育教学活动内容也深受学生喜爱,如“勇敢者之路——跨越障碍跑”“消防队员之歌——团体协作不畏难”(体操凳及学校特制的体育教具攀登梯等器材,以体育活动的形式,学生进行了消防队员模拟性训练)。再如,教师创编的诸多体育游戏及运动技术游戏化的教学都是将体育学习与生活情境结合的有效形式。

注重问题情境的多向性,以促进学生运动参与的深度,促进学生思维活动的开放性和体育学习过程的探索性。在前几节所论述的教学策略中都谈到了问题的引入和提问的重要性,因为大多数师生之间的交流都与各种形式的问题有关。问题情境中提出的问题应注意以下几点:首先必须是有效性的问题,应能够促进学生积极组织回答,并因此而积极参与学习过程的问题。第二提出的问题应围绕教学目标的解决,无论是封闭性问题还是开放性问题,是简单问题还是复杂问题,应符合学生元认知的层次水平,促进学生围绕情境学习目标运用已学过的知识技能和所熟悉的具体例子、场景和事物,学习新环境下的知识、技能并进行实践活动。或者是学生能够对问题做较深入地理解,做进一步的实践和体验性练习。第三在情境教学中提出问题应具有相应的顺序,应具有一定的探询性,利于情境的步步深入,问题一个一个的解决。

通常采用的体育教学情境方法及行为分析。直观情境。主要是指体育教学挂图,信息技术媒体演示,体育运动教具,也可以是生动的教育语言,形象的比喻和规范的体育示范动作以及现实的运动状态。

问题情境主要是指围绕教学目标的实现所设置的富有启发性、思考性、探索性和创造性的问题,这些问题既是激活学生思维,促进学生探究学习的动力因素,也是使教学活动环环相扣,教学关系和谐相处的重要因素。

体育活动场地情境主要是体育活动的外部环境氛围,如体育场地器材布置,环境设施,师生进行体育教学、练习、活动、竞赛的形式,集体学习的风尚和互助精神等。体育教学中应多种教学情境交互作用,使教学活动充满生机,学生的生命价值得以体现。

长期以来的实践告诉我们:从能力发展看,探究学习比接受式学习更有效,但受时间、空间和学生知识结构的限制,探究学习效率不高,且适应面有限;从效能上说,接受式学习比探究学习效能高,但接受式学习机械、被动;而合作学习虽能增强学生学习兴趣、增加互动机会、有效培养学生的合作精神,但如果我们不能根据教学的内容和目的对之进行深入的研究和科学安排,合作学习就会形同虚设。因此,在"运动技术学习"这一主线下"接受学习""自主学习""合作学习""探究学习""情境学习"等策略的选择与应用,不能脱离学科特点、脱离主教材、脱离教学情景、脱离教学过程,否则就会牵强附会,降低体育教学质量。要将全面培养与体育学习真正结合,通过体育的特点和优势将多方面的教育落在实处。

第三章 高校体育与健康课程的教学方式改革

体育教学是实现学校体育目标的基本途径之一,体育教学过程是体育教学的实施或为达到体育教学目标所进行的体育教学程序,体育教学方法是体育教学过程中完成教学任务或目标所采取的教学途径和手段,体育教学模式是在某种体育教学思想和理论指导下建立确立起来的体育教学程序,包括相对稳定的独特的教学过程结构和相应的教学方法体系,主要体现在体育教学单元和教学课的设计和实施上。正确的学习理解体育教学的基本含义,认识体育教学过程的基本规律,领会其内容实质,明白"教无定法,贵在得法"的道理,知道体育教学模式的定义,对促进教师的有效体育教学行为和提高教学效益,有着重要意义。

第一节 高校体育与健康课程的教学概念与特点

一、体育与健康教学的概念

体育教学是完成学校体育任务的基本途径,是教与学的统一活动,是在教师的指导和学生积极自主的参与下,按照体育与健康课程标准和教学计划,通过身体练习为载体,让学生获得体育与健康知识和运动技能,学会学习体育的基本方法,增强自我保健意识,锻炼身体,增进身体健康,提高心理健康水平,形成终身体育锻炼的意识和习惯,发展运动能力,培养良好的思想道德品质的过程。

二、体育与健康教学的特点

体育教学与其他学科教学一样,都是教与学的双边活动,教师要遵循学生的认识规律,按照教育计划和课程标准有目的、有计划、有组织地指导学生自主地进行学习,掌握一定的知识与技能,培养能力和良好的思想道德品质。但体育实践课教学又有其特殊性,其他课程主要是通过思维活动来学习和掌握教师所传授的科学知识和技能,而体育实践课教学则是以师生思维活动为基础,以身体练习为主要手段通过思维活动与身体练习密切配合来传授和掌握科学知识、技术、技能,达到锻炼身体,增进健康的效果。因此,体育教学在以下几方面具有鲜明的特点:

(一)体育教学突出的是身体练习

体育教学主要是学生从事各种身体练习,在反复练习中,通过身体活动与思维活动,人体器官系统(尤其是运动系统、神经系统、呼吸系统、心血管系统等)积极参与活动并协调配合,来掌握体育的知识、技术与技能,学生在身体练习中承受一定的生理负荷并产生疲劳,有效地加速了身体的新陈代谢活动,促进了学生身体的发展,增强了体质和提高了健康水平。

(二)体育教学组织复杂多变

体育教学主要在体育场馆进行,场地空旷,教学环境开放,活动范围广,失控因素多,外界干扰大。体育教学依据场地器材条件、天气状况、学生性别、体育基础与身体条件、教学内容诸多因素等各种情况来组织实施教学,在教学过程中,师生身体始终处于运动状态,加上经常进行分组教学,学生不完全在教师的视线内,致使体育教学组织管理工作复杂多变。

(三)体育教学有利于发展学生的社会适应能力

体育教学对于发展学生的社会适应能力有独特的作用,学生在学习和掌握体育知识、技术、技能时,大多数情况是在合作交往状态下完成。

例如,游戏,球类的技术、战术与教学比赛,田径的接力跑,体操的保护与帮助,武术的攻防配合等,这使得学生群体间相互交往频繁而复杂,教师与学生之间,学生与学生之间的角色与地位不断发生变化,有利于培养学生的交往能力,合作能力与竞争意识,对他人对集体关心程度等社会适应能力。

(四)体育教学有利于渗透思想品德教育

体育教学突出的特点是身心同动,学生在体育活动中,最容易表露自己的思想、行为、个性、情绪和感情。体育教师比其他教师有更多的机会能接触到学生本质属性,因大学体育与健康课程与教学论而提供了更多的教育可能性。另外,体育教学素材丰富多彩,新颖多变,喜闻乐见,深受广大学生喜爱,有利于在教学中潜移默化的渗透思想品德教育,爱国主义思想教育和培养良好的社会行为。

第二节　高校体育与健康课程的教学模式改革

一、体育与健康教学模式概述

"体育教学模式"是课堂教学的一种客观存在。我国《教育大辞典》把教学模式定义为反映特定教学理论逻辑轮廓,为保持某种教学任务的相对稳定而具体的教学活动的结构,具有直观性、假设性、近似性和完整性。新中国成立初期,中国教育界引进的苏联凯洛夫的体育教学模式被大家称作"传统的体育教学模式"。

随着时代的发展,人们的教育思想、教育观念发生了巨大的变化。教育改革与学校体育改革不断深化,广大一线体育教育工作者深刻地体会到,学校体育教学必须进行改革,必须在思想理念、教学内容、教学模式、教学方法等方面赋予新的内容、新的活力。广大体育教师依据各种新的体育教学思想和体育教学理论,针对体育教学中存在的主要问题,积极开展了体育教学模式的研究,通过实践、思考、构思、创新、总结,涌现出各种富有时代气息具有特色的体育教学模式。

我国开展有关体育教学模式的研究已经持续多年。初始阶段许多学者对体育教学模式的解释不尽相同,理解也不一致。近年来,随着体育教学模式的研究不断深入和梳理,在理论层面上许多问题已经开始逐渐清晰,对概念的定义和模式结构的认识也趋于统一。

(一)国内外不同学者对体育教学模式的定义

当代首次系统研究教学模式的是美国教育学者乔伊斯(B. Joyce)和韦尔(W. Well)。他们在《教学模式论》中认为,"教学模式是构成课程和课业、选择教材、揭示教师活动的一种范型或计划"。

我国学者吴志超等在《现代教学与体育教学》中进一步指出,教学模式是按照一定原理设计出来的一种具有效应结构和功能的教学活动的模式和策略。教学模式可以看作教学系统—教学过程—教学方法的中介和桥梁,是教学系统和教学过程的引申。但与前者不同的是,它是提供如何最有效地达成既定教学目标的程序和策略,更具有实践意义。

我国学者毛振明等认为:体育教学模式是在某种体育教学思想和理论指导下确立起来的体育教学程序,包括相对稳定的教学过程和相应的教学方法体系,主要体现在体育教学单元和教学课的设计和实施上。

我国学者赵立认为:体育教学模式是在某一教学理论指导下,以完成的主要教学任务为目的的一种教学模型或稳定的教学策略组合。

另外还有诸多提法:教学模式是按照一定的原则设计的一种具有相应结构和功能的教学活动的模型或指在一定教学思想指导下确立起来的教学程序;教学模式是在一定教学思想的指导下,对教学客观结构做出主观选择;教学模式是就教学过程的结构、阶段、程序而言的标准样式;教学模式是反映特定教学理论逻辑轮廓的为保持某种教学任务相对稳定而具体的教学活动;教学模式是指在一定的教学思想指导下,在教学实践中形成的一种设计和组织教学的简化的结构形成。

对比国内外学者对教学模式的定义可以看出,体育教学模式的定义应关注如下几个要点:任何教学模式首先都应以现代教育思想为理论依据,把理论与实践、观念与行为结合起来;任何教学模式都应有它的上位概念,这个概念可能是思想,也可能是规律或原理;任何教学模式都应该是为完成某些教学目标的系统的、相对稳定的、典范的形式;任何教学模式都为教学结构的设计,教学方法的实施提供指导;教学模式应是一个历史的概念。因此,体育教学模式的基本定义应该是:在某种体育教学思想和理论指导下建立起来的体育教学程序,包括相对稳定的、独特的教学过程结构和相应的教学方法体系,主要体现在体育教学单元和教学课的设计和实施上。

(二)体育教学模式研究的意义

1.有利于体育教学的改革与发展

体育教学模式来源于实践,是在具体的体育教学实践活动中形成的体育教学理论,反过来又指导体育教学实践活动。体育教学模式的合理运用是课程改革重要的可视因素之一,是沟通教学理论与教学实践的桥梁,能够加速理论与实践的相互转化,促进体育教学改革的发展。

2.有利于提高课堂教学效率

体育教学一般由教育思想、教学目标、操作程序、师生角色、教学策略、评价等诸多要素组成。它在实践中形成,为教师提供了实现教学目标的条件与程序,使教师能够取得预期的教学结果,即能揭示出"如果运用……教学模式,就必然会产生……的教学结果"这样一种逻辑上的联系。因此可以说,一旦选用了适宜的体育教学模式,就可以产生较高的课堂教学效益。

3.有利于简化教学问题

教学模式的研究是现代科学方法论中的一种很重要的方法,研究的特征就是抓住事物的主干和本质部分,排除事物的次要和非本质部分。因此,体育教学模式的研究就是将复杂、烦琐的体育教学过程变得简化、明了,让体育教学中的重要因素更加突出,便于大家对体育教学模式进行概括的观察、总结、参照和模仿。

4.有利于促进广大体育教师的教学研究工作

广大的体育教师面临的日常工作就是对体育教学的设计,而教学模式的实质就是对体育教学过程的设计。教师根据自己已掌握的教学理论来精心设计和改造教学过程和教学方法就是教学模式的研究。因此开展体育教学模式的研究最能和体育教师的教学工作结合起来,也是最实际、最具可行性的研究。

(三)体育教学模式的基本结构

根据系统科学的原理和体育教学模式的概念和特征,我们把体育教学模式的结构分为教学指导思想、教学程序、相应的教学方法体系与教学过程结构和教学条件四个层次。

1.教学指导思想

任何体育教学模式都是在一定的教学指导思想下提出的,包括理论依据、功能目标和应用范围,是建立各种体育教学模式的理论基础,反映了模式的内在特征。

2.教学程序

一种教学模式要让人参照和模仿,除了要说明操作目标和条件之外,更重要的是要有明确的操作程序,操作程序指体育教学在时间上展开的逻辑步骤以及每个步骤的主要做法等。任何体育教学模式都有一套独特的操作程序和步骤。

3.相应的教学方法体系和教学过程结构

体育教学模式不同于教学方法,是因为它从更高的理论层次对教学现象抽象的概括,一种教学模式往往是多种教学方法的运用和体现。教学模式的教学过程结构主要是描述教学规律的不同形式,是教学过程各要素的组合。教学过程结构是体育教学模式的支撑骨架,体现了体育教学模式的稳定性,教学方法则体现了体育教学模式的直观性和可操作性。

4.教学条件

教学条件指的是促使体育教学模式发挥效力的各种条件。要成功地完成一堂课,须具备的条件包括很多方面,如教师、学生、教学设施、体育器材、教学内容、方法、时间、空间等。教学条件是实现教学模式的客观保证。

上述四个层次是形成体育教学模式的主要变量,它们相互联系,相互制约,完整地形成了一定的体育教学模式。体育教学模式体现了教学过程主要变量以及这些变量之间的规律性联系。

(四)体育教学模式的基本属性

1.体育教学模式的理论性

所谓理论性是指任何一个比较成熟的体育教学模式都是在某种体育教学思想指导下建立起来的,都是一种体现了某个教学过程理论的教学程序。只有以明确的教学指导思想和理论为基础的教学模式,才有可能比较完善和清晰,才更具示范、指导和推广价值。体育教学模式与教学思想及理论是相互依存的。

2.体育教学模式的综合性

所谓综合性是指单一的教学模式是不存在的,必须是多种模式的有机组合,交叉而成,是"复合型"的。

3.体育教学模式的稳定性

体育教学模式的确立实际上是一种新型的体育教学过程结构的确立。因此,无论何人、何地、何时运用某个教学模式,基本的程序和主要环节都不应有大的变化,保持在基本框架结构之内,具有相对的稳定性。

4.体育教学模式的可操作性

体育教学始终是处于动态之中,体育教学模式不是空洞的理论,它的构建是以实践为基础,对复杂的教学过程、组织形式、教学手段加以概括、提炼,因而可操作性很强。

5.体育教学模式的适应性

任何一个体育教学模式都不是万能的,各种教学模式一般都有一个大概的适应范围,如适应什么样的教材、什么样年龄阶段的学生、什么样的场地设施条件等。由于各种体育教学模式的特点不同,适应的范围也会大小不一,如情景教学模式就不太适用于大学生的体育教学。

6.体育教学模式的可评价性

任何一个成熟的体育教学模式,必须有着与该模式相应的评价方法体系。评价不仅能反映其教学过程结构,也能对其相应的教学方法体系进行客观评价。对体育教学模式进行综合评价,既能体现其教学模式的教学指导思想,又能体现教学模式的教学价值观,也能体现体育教学组织过程的可操作性。无论哪种教学模式都可以对其施教者给予明确的评价,从而使体育教学模式的形成过程,更符合自身特点和规律性。

(五)体育教学模式与其他体育教学因素的关系

1.体育教学模式与体育教学指导思想的关系

体育教学模式与体育教学指导思想关系密切,但又不雷同。通常讲,一种体育教学指导思想会有一个相对应的教学模式,但有时会出现一种教学指导思想有几种教学模式,或一种教学模式受几种教学思想指导的现象,教学指导思想和教学模式就是一种指导与被指导的关系。例如,主张培养学生的团队精神的教育思想必然存在于小群体体育教学模式中,通过小组间的学习、交流、比赛、总结,增强学生的合作意识与团队精神。

2.体育教学模式与体育教学目标的关系

体育教学模式的选择要与教学目标相一致,由于体育教学活动受教学目标所制约,不同的教学目标要求采取与之相适应的教学模式。例如,教学目标是系统的传授体育知识与技能,可以采用传统的"技能形成式的体育教学模式"。一种体育教学模式总是最适于实现其主体的教学功能。例如,要培养学生的主动性、创造性,当然是"发现式体育教学模式""主体教学模式"为佳;要培养学生的社会适应能力,自然是"合作教学模式""小群体教学模式"为好。

3.体育教学模式与教学方法的关系

体育教学模式不同于教学方法,因为它是在更高的层面上对教学现象抽象的概括。一种教学模式往往是多种教学方法的运用和体现。体育教学方法是体育教学模式的重要组成部分,某个教学方法的改变更不能成为一种新的教学模式,甚至几种新方法的结合也不能称为教学模式。

4.体育教学模式与教学组织的关系

从广义上讲,体育教学模式是一种体育教学组织方法,但体育教学模式与我们现在所讲的狭义的教学组织还有很大的区别。我们现在一般所讲的教学组织是指体育课的组织形式,包括课堂常规、分组教学等,所有的体育课都可以通用的教法的组织。而体育教学模式是对应某种体育教学指导思想,对单元和课的结构进行整体改造的方略,具有独特的构造和功能,不能为任何教学单元和教学课所用。现在有很多体育工作者把一节课的组织方法的改善也称为是新的体育教学模式,这是一种误区。

二、目前几种较成熟体育教学模式的介绍

近年来,有关体育教学模式的研究非常活跃。在国内外的体育教学实践中已经形成了一些相对比较成熟、可行的,具有新意的体育教学模式。下面就几种比较成熟的体育教学模式进行介绍。

(一)技能掌握式的体育教学模式

该模式常被称为"传统的体育教学模式"。这种模式主要受苏联教学思想的影响,比较注重系统的运动技能传授,这是一种系统的教学理论。这种教学模式是以人们对运动技能认识规律和事物形成规律为主要依据,作用是能够有效促进学生体育技能、方法的学习和掌握,有利于学生终身体育观的形成。教学单元的设计以某一项运动技术教学为主线,单元教学内容的排列顺序主要参照动作技术的难易程度为依据。教学课的安排与设计以技能学习和练习为主线,主张精讲多练,注重对运动技能掌握效果的评价。

基本教学程序:整体认识—分解练习—完整练习—熟练巩固。

案例:教师进行大二年级篮球教学,单元由 6 课时组成,教学内容为学习篮球行进间运球单手肩上投篮技术,按动作由易到难的教学顺序为:徒手模仿练习—行进间运球单手肩上投篮模仿练习—行进间运球单手肩上投篮练习—两人传接球行进间投篮—实践应用—对动作进行评价。

(二)发现式体育教学模式

美国著名教育学家布鲁纳提出:"发现并不限于寻求人类尚未知晓的东西,确切地说,它包括用自己的头脑亲自获得知识的一切方法。"这就是说,发现式体育教学模式主要遵循学生的认知规律,在教师的启发引导下,让学生主动参与各种有效的组织和练习,学生在体育活动中发现并加深对体育课的认识、理解,在这个基础上积极参与体验,发展学生创造能力,提高学生解决问题的能力和对体育运动的认识。这种教学模式在设计时,将教材相关知识和原理进行了归纳和整理,设置成若干问题并合理的设计在各节课中,通过提问、设疑、取证、探究、讨论、归纳等科学方法将运动学习和练习紧密地结合起来。

基本教学程序:问题假设—实验性学习—验证性学习—结论评价。

案例:某教师在快速跑和弯道跑的教学中,为了提高学生的学习兴趣,用一张报纸做教具,把报纸放在胸前,利用空气阻力的作用练习快速跑。可是有些同学的报纸老是掉下来,教师提出问题:为什么有的同学的报纸不掉,有的同学的报纸会掉下来?让同学们带着问题在体验中思考,寻找原因,很快学生就找到了答案:当速度慢下来的时候或者在转弯的时候报纸最容易掉下来。如何解决呢?学生在反复的实践中逐步明白了报纸掉不掉,主要取决于速度快慢和转弯半径大小的原理。学生通过自己尝试、体验、思考获得的知识要比教师直接告知的知识掌握得更牢固,更扎实,有利于知识的拓展与迁移。

(三)小群体体育教学模式

小群体教学模式也称小集团教学模式。基本的教学指导思想是试图通过体育教学中的集团因素和学生间交流的社会性作用,通过教师与学生、同组内学生与学生、小组与小组之间的交流、切磋、观摩、比赛、评价以达到提高课堂教学质量,发挥学生的学习自主性,适应学生的个体差异,促进学生社会适应能力的提高为目的。教师根据学生的年龄、性别、素质、兴趣爱好的特点和教学需要,将全班学生分成若干个异质或同质的学习小组,这种小群体教学模式有利于交流感情与信息;有利于增强小组的凝聚力形成团队精神;有利于合作与竞争意识的培养;有利于区别对待,因材施教,使每一名学生都受益。

基本教学程序:分组—设置问题—寻求解决方案—协调合作—竞赛—体验合作乐趣。

案例:某教师进行大三年级的接力跑教学。教师按学生情况分成若干个异质的学习小组,在接力跑的练习中以小组为练习单位。最后进行4×100米接力跑教学比赛,各小组同学根据组内的实际情况,共同商量决定如何排定棒次,由谁起跑,谁最后冲刺,采用何种交接棒技术,谁速度发挥优势最合理,如何合理利用20米接力区等。通过学生之间的讨论、思考、自主实践活动,使得他们对接力跑这一技战术掌握得更好,更合理,更全面。同时还培养了学生的团队精神,提高了他们的合作能力,增强了集体的凝聚力,充分发挥了体育的社会性教育功能。

(四)快乐体育教学模式

快乐体育是为适应终身体育思想而发展起来的,主张让学生在掌握运动技能和进行身体锻炼的同时,能够体验到运动和体育学习的乐趣,从而逐步形成学生终身参加体育实践的志向和习惯。快乐是一种心理体验,包含着学生得到身体健康发展体验的快乐,战胜困难得到成功体验的快乐,以及得到信赖和尊重体验的快乐。这些体验运动和学习乐趣的教学环节,相互连接,层层递进,使学生能够更多地体验到学习、运动、挑战、交流和创造的多种乐趣。这类教学模式的教学方法多采用自主性学习法、游戏法、比赛法、讨论法和小集团学习法。

基本教学程序:初步体验运动的乐趣—理解运动乐趣—再学习—得到赞许和运动成就感。

案例:某教师进行大一年级的障碍跑教学,教师采用游戏法和比赛法让学生通过不同的障碍物,充分体验越过障碍进行活动和竞赛的乐趣。教师根据学生不同的技能状况将他们分成若干个小组,不同小组的学生通过障碍物的高度、难度、宽度、距离都各不相同。技能好、速度快的学生让他们通过高度高、难度大、宽度与距离大的障碍物;运动技能稍差、速度较慢的学生练习要求则相对较低。让不同层次的学生都能体验到战胜困难后带来的运动乐趣,做到分层递进。

(五)情境教学模式

在体育教学中通过创设一定的情境或设置一定的故事情节,让学生在情境中参加体育活动的快乐,在玩中学,学中玩,玩中乐,乐中玩。情景教学用潜意识调节意识,用情感和审美来调节意识。情感教学模式的作用是能够有效提高学生学习兴趣,优点是可以使学生身心在不知不觉中得到发展,情操得到陶冶。

基本教学程序:设置情境—引发运动兴趣—体验情节—运动乐趣—获得新知。

案例:某教师进行大二年级的民间体育"珍珠球"教学。"珍珠球"运动是模仿"采珠人"的劳动演变而来。在"珍珠球"教学进行攻防演练和教学比赛时,通过采珍珠时"河蚌""捞网"的相互争夺,让学生在传统的民族故事情节中自主学习,合作学习。让学生品尝到游戏竞争与比赛对抗所带来的乐趣,提高了学生的学习兴趣,活跃了课堂教学气氛,培养了学生的团队精神和合作意识。

(六)自主学练体育教学模式

自主学练体育教学模式类型比较多,概念比较广泛。"自主式教学""自练式教学""自主探究教学""先学后教式教学""学导式教学"等都属于该类模式。新《课标》强调以学生发展为中心,重视学生的主体地位,始终把学生主动、全面的发展放在中心位置。该类模式主张尊重学生的自主性和自发性,强调给学生自主学习的时间和空间,充分利用情境、动作、会话等教学要素,使被动的学习转化为学生主动的、生动活泼的学习,全面调动学生参与活动的积极性、主动性、创造性和学习潜能;提高学生的体育学习能力,形成终身体育锻炼的意识。激发学生主动性的途径和方法很多,但它们的共同点就是都有一个让学生发挥主动性的教学环节,从准备活动、学习方法、教学评价等以学生自主学习为主,教师是一名组织者、引导者。采用的方法有小组学习、自练和探究学习等。

基本教学程序:自主准备活动—自选学习内容、方法—自我监控—评价—反馈与调整。

　　案例:某教师进行大三年级的篮球教学,教学内容是学习行进间体前变向换手运球。在教学开始阶段,通过多媒体,让学生欣赏 NBA 与 CBA 行进间体前变向换手运球在比赛中运用的精彩画面。结束后学生自己做各种运球练习(热身运动),然后教师设问:运球推进时遇到障碍怎么办?变向后怎样快速推进? 遇到障碍有几种运球突破方法?(知识的扩展与延伸)学生根据教师提出的问题和画面中的动作技术印象,自主尝试在不同距离、速度中的变向运球。教师观察、辅导,在学生个人练习的基础上,根据学生的能力和水平,让学生自由组合分成几个小组,采取不同的方式或形式进行自主练习。各小组在小组长的带领下,通过讨论商量研究出不同的练习方案,练习的图形有蛇形、圆形、三角形、梯形和正方形对角运球等多种方式,有的动作技术掌握较好的小组从体前变向运球发展到背后、转身、胯下运球突破,最后让各小组进行展示交流。各组精彩的表演博得了学生们一阵阵热烈的掌声,学生们根据自己的表现和其他组的情况进行了自评和互评,通过评价与交流调整自己的练习。纵观学生们的练习情况,充分显示了学生的聪明才智,极大激发了学生的学习兴趣,使学生自主学习意识与自主学习能力得到提高。

(七)成功体育教学模式

　　"成功体育教学"亦称为"赏识教育模式"。是近年来国内"成功体育"教育思想指导下开始逐步形成的教学模式。在许多国家都有类似的体育思想和相近的体育教学模式,共同点是关注存在不同差异的学生,让每一名学生都能体验到运动学习的乐趣和成功,培养学生的学习自信心和参与体育运动志向。成功体育的真义:"成功的体验,不仅仅是快乐,在追求成功的道路上既充满友谊和快乐,更充满艰辛和苦涩乃至挫折与失败,只有不畏艰难险阻,登上成功的顶峰,才能真正领略和体验体育的全部乐趣。"该教学思想主张学生多体验成功但不否认过程中的失败;既强调竞争又重视协同的作用;强调既懂又会的学习效果,主张引导相对评价与绝对评价相结合。教学过程主要通过"让位""相对评价"等手段将练习和比赛变成一个无论技能好坏的学生都能参加并分享成功喜悦的活动。让每一名学生根据自身的条件确立一个适当的目标,并通过努力不断超越自我,提高体育学习的自尊心和自信心。在这种教学模式中,教师可以根据学生个体差异选择和设定场地、器材和规则等。

基本教学程序:教学诊断—设计自我发展目标—超越自我—体验成功。

案例:某教师进行大三年级篮球教学,复习行进间运球"三步"投篮。在每名同学基本掌握行进间运球"三步"投篮动作技术的基础上,为了进一步提高学生的学习兴趣,教师组织学生欣赏 NBA 精彩画面,学生们被球星精彩的扣篮动作所吸引。教师紧紧抓住学生的求知欲望,根据画面人物的变化和不同的动作技术,用生动的语言进行解说,把学生的学习热情充分调动起来。为了满足学生的求知欲望,让每名学生体验球星的感觉,体验成功的快乐。教师将篮圈降低到几个不同的高度,让学生们进行模仿练习,学生们各显其能,展现出各种精彩的扣篮动作,每名同学都体验了当一次球星的感觉,学习的热情和积极性达到极致。学生在练习中勇于超越自我,体验了成功,体验了快乐,学习的自信心和自尊心得到显著增强。

(八)课课练体育教学模式

"课课练体育教学模式"在 20 世纪 80 年代被广泛采用。在体育教学中强调通过以身体锻炼为主的形式达到提高身体素质,增强体质的目的。主张从人体活动和机能变化规律来设计教学过程。以某一项运动技能为主线,并根据所教运动技术的特点,安排一定的时间和与其特点相应的一套身体素质练习作为锻炼身体的内容。利用每一节课的后半部分 5~10 分钟左右,多采用重复练习法和循环练习法。

基本教学程序:准备性活动—主项练习—副项练习—整理活动。

案例:某教师进行大二年级快速跑单元教学,快速跑练习主要是下肢运动为主。为了让学生上、下肢均衡发展,在每节课的后半部分都安排了一套以上肢运动为主的身体素质练习。如俯卧撑、双杠臂屈伸、引体向上、推小车等。练习形式将重复练习和循环练习交替进行。

第三节　高校体育与健康课程的教学过程改革

一、体育与健康教学过程的概念

体育教学过程是指体育教学的实施流程或为达到体育教学目标所进行的体育教学程序;是指学生在体育教师有目的、有计划、有组织地指导下,积极主动地掌握体育与健康知识与技能,锻炼身体,增进身体健康,提高心理健康水平,增强社会适应能力,形成良好的思想品德的学习与实践相结合的过程。

二、体育与健康教学过程的基本特性

(一)体育教学过程是教师育人育体的过程

体育教师是体育教学过程的指导者与组织者,是学生学习的促进者,是学生学习能力的培养者,是学生人生的引路人。教师不仅仅是向学生传授知识,而是引导学生沿着正确的道路前进,并且不断地在他们的成长的道路上设置不同的目标,引导他们向前。成为学生具有健康心理、健康体魄、健康品德的促进者、催化剂。教师在知识、技能传授的过程中,应成为学生学习的激发者、辅导者、各种能力和积极个性的培养者,从而使学生学会学习,学会锻炼,终身受益。

(二)体育教学过程是学生学习掌握知识和运动技能的过程

体育的学习主要以身体练习为主要手段,在以掌握运动技能为主的体育教学过程中,学生在不断的身体练习中掌握运动技能,并通过运动技能的掌握进行其他方面的养成教育。会涉及许多的体育理论知识和运动认知,这些知识学习和运动认知获得是掌握运动技能和提高运动素质的基础。两者有机的结合,对促进和提高运动技能的掌握有积极作用。

(三)体育教学过程是提高运动素质的过程

运动素质是掌握运动技能的基础,良好的运动素质有利于运动技能的掌握与提高,同时在一定强度下的身体练习过程中能有效地提高运动素质。提高运动素质和掌握技能是相辅相成的,因此在体育教学过程中应将两者有机的结合,在加强对学生运动技能的掌握过程中不要忽视运动素质的提高,通过不断提高学生运动素质并以此增强学生的体能。

(四)体育教学过程是培养学生团队精神与合作学习的过程

体育教学的主要教学形式是在团队的形式下进行和完成的,体育教学的合作学习,集体学习指向性越来越强。教师与学生之间,学生与学生之间的交流、沟通、互动越来越频繁,从而让学生学会合作,学会交流。是培养学生的社会交往能力,团队精神和社会适应能力的重要途径之一。

(五)体育教学过程是提高学生抗挫能力和体验成功与快乐的过程

竞赛是体育教学的特性之一,在竞赛的过程中有成功者势必就有失败者,而很多项目就是以失败而告终的。例如,跳高,人们总在最后一个高度以失败而结束。学生心理上伴随着经历失败、痛苦来磨砺自己坚韧不拔的意志品质和耐挫折能力;生理上伴随着累、苦、伤痛的学习过程,是身体经受生物学改造的过程。学生在战胜自我获得胜利时,从中体验到成功的快乐,这种经历挫折,体验成功的快乐是体育运动生命力的体现。是体育教学的学习目标和重要内容,是培养学生的体育参与意识和终身体育意识不可缺少的路径和手段之一。

三、体育与健康教学过程的基本规律

体育教学的规律是在体育教学过程中客观存在的必然现象。除了要遵循其他课程遵循的一般规律外,还要遵循动作技能形成的规律,人体机能适应活动的变化规律和学生身心发展规律。

(一)动作技能形成的规律

体育教学就是让学生通过学习学会和掌握一定的运动技能,在动作技能的形成过程中逐步由不会到会,由不熟练到熟练,由不巩固到巩固的发展过程。实践经验证明,动作技能的形成与提高大致可分粗略掌握动作阶段,促进与提高动作阶段,动作的巩固与运用自如阶段。在体育教学过程中,运动技能形成的三个阶段是相对而言的,彼此不是截然分开的而是逐渐过渡,相互渗透,相互衔接,有机联系的。它既反映了学生掌握动作的逐步深化过程,又反映了学生身体机能和体质不断变化和提高的过程。受一些相关因素的影响,如运动技能的难易程度,学习运动技能的总时间和时间的密度,体育教师的教学经验和教学能力,学生的神经类型,体育基础,身体素质和主观努力,等等。三个阶段的具体特点各有不同,所花费的时间各有长短,因此三个阶段的划分并没有明显的界限。但是动作技能形成的三个阶段是客观存在的,教学中必须遵循运动机能形成的基本规律,在不同的阶段中应根据教学目标和要求的不同,运动技能的各自特点,采取相应的教学手段和方法提高教学的针对性,做到有的放矢,才能取得良好的教学效果。

1.粗略的掌握动作阶段(泛化阶段)

这是学习某一个新动作的初始阶段。这一阶段的生理特点是大脑皮层兴奋与抑制扩散,处于泛化阶段,内抑制不够,因而表现出做动作僵硬,很费力,紧张而又不协调,控制力差,并伴随一些多余动作和牵强动作。心理上表现出对所学动作缺乏信心,情绪易波动,注意力分散,等等。这一阶段,教学的主要任务是使学生建立动作的正确表象和概念,防止和排除不必要的多余的动作和错误动作,使学生在重复练习过程中粗略的掌握动作。根据这一阶段的特点,重点应注意加强对动作主要环节的教学,动作结构的理解和学习,淡化和不必过多地强调动作细节和规格要求。教学方法以分解练习为主,在教学的初始阶段,一般先采用分解法,逐步过渡到完成动作或在完整学习的动作过程中,逐步掌握动作的某个主要环节。例如,在广播体操和韵律操教学中,学习重点应在单节动作技术上,以使学生逐个克服困难,建立信心,加速掌握动作的进程,由分解逐步到动作组合。其次要正确、充分地运用语言法和直观法,通过讲解,示范,演示教具,尤其是现代化教学媒体的运用,使学生明确动作的意义、结构、规格、要领,动作的过程和完成的方法,并注意使讲解、示范与练习有机结合。讲解、示范相对可以多一些,但要保证学生有足够的练习时间和次数。要使学生通过肌肉本体感受,体会动作要领和整个动作过程,处理好动作与动作之间,空间与时间之间的关系。同时可以多采用辅助性学习和诱导性学习,降低动作难度,适当给予帮助,使学生获得肌肉感觉,抓住学习的重点,以掌握动作技术的基础为主,淡化动作技术的细节。

2. 改进与提高动作阶段(分化阶段)

该阶段的生理特点是大脑皮层兴奋与抑制过程处于分化阶段,兴奋相对集中,内抑制逐步发展巩固,并初步建立起动力定型,且能较精确的分解与完成动作。在心理上表现为对动作技能学习的信心不断增加,但时有反复,动作学习过程中的紧张感逐步得到克服,注意力比较集中,有较强的学习欲望。在运动技能的练习过程中,大部分错误动作得到纠正,多余动作逐步消除,动作开始变得准确、协调和轻快,能比较顺利的、连贯的完成动作技术,但动作还不够熟练,还不能运用自如,遇到新的刺激,多余和错误的动作可能重新出现。因此,根据这一阶段的特点,主要任务是在粗略掌握动作的基础上,进一步消除牵强、紧张和错误的动作,加深理解动作各部分之间的关系,进而掌握动作的细节。教法上以完整练习法为主,纠正某一错误动作或加强某一动作环节的教学可采用分解法。运用讲解、示范,主要是为了更好的解释动作的内在规律,以及某些难点与关键,启发学生的思维,通过反复练习,注意抓住动作的细节进行教学,发现错误,及时纠正,以免形成错误的技术动作。让学生进行分析、比较,使学生了解动作的内在联系,进一步加深学生对动作的理解,促进大脑皮层兴奋,抑制过程的进一步分化,加速动力定型的顺利形成和不断巩固,并在保证动作质量的前提下,适当地加大运动负荷,以改进和提高动作的质量。

3. 动作的巩固与运用自如阶段(巩固提高阶段)

该阶段的生理特点是大脑皮层兴奋过程高度集中,内抑制相对牢固、精确,形成了牢固的动力定型。心理上情绪稳定,自信心强,注意力分配合理。运动技能表现在能准确、熟练、美观、省力、轻松地完成动作,并能灵活自如地运用,动作达到自动化的程度。例如,人们在散步时谈话、看报等,无须有意识地思考应如何迈步,如何维持身体平衡等,熟练的篮球运动员在比赛时的运球动作,往往也是自动化的。当然,随着动作的不断重复和动作细节的不断改进,动作的准确、熟练和自动化的程度越来越高。但是,动作技术的发展和巩固不是一劳永逸的,如果不断练习,可以精益求精,质量更加提高。反之,如果长期中断练习,形成的动力定型就又会逐步消退。越是技术复杂、难度大的动作,消除得越快。因此这一阶段的主要教学任务是巩固发展形成动力定型,使学生能熟练、省力、美观、轻松地完成动作,并能在各种复杂变化的条件下灵活自如地运用。教法一般采用完整法为主的重复练习,严格要求动作的完整性和连贯性,不断巩固动力定型,提高动作质量。

(二)人体机能适应性规律

人体在运动开始时,加速了体内物质能量消耗,促使异化作用加强,于是引起疲劳和暂时的身体机能的下降,这一阶段,称为"工作阶段"。经过间歇和调整,可以使体内的能量储备逐渐恢复,并接近或达到运动前的水平,这是"相对恢复阶段"。再经过合理的休息,物质和能量超过了原来水平,从而提高了机体的工作能力,称为"超量恢复阶段"。超量恢复的状况依赖于运动负荷的大小和身体新陈代谢能力的不同而有所变化。如果间隔时间过长,失去了负荷后的痕迹效应和最佳时机,机体工作能力就会降低到原来水平,即"复原阶段"(图3—1)。

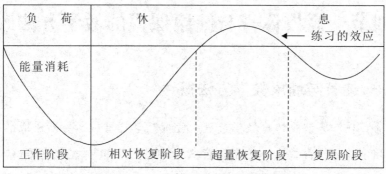

图3—1　机体适应过程示意图

因此,根据这一规律,为了使学生达到良好的增强体质效果,后一节课应尽量安排在上一节课后的超量恢复阶段,这样才能产生体育练习的效果积累,从而提高学生身体的功能水平。

(三)人体生理机能活动能力变化的规律

在体育教学过程中,要组织学生进行反复练习。学生在反复练习和休息的交替过程中,生理机能活动能力会发生变化,并伴有一定的规律。一般情况下,当人体开始运动时,由于机能惰性的影响,人体各器官系统机能活动能力从相对的较低水平逐渐上升,成为逐步上升阶段;然后达到并在一定时间内保持最高水平,即保持在一个起伏不大的范围内,称为稳定阶段;最后人体机能活动达到一定的程度,出现疲劳,身体机能活动能力下降,经过休息、调整,身体机能活动能力又逐渐恢复到相对安静时的水平,这个阶段又称为下降和恢复阶段。

由于学生年龄特点,身体健康状况,体育基础水平,教材的性质,教学的组织与教法以及气候条件等不同,学生技能活动能力上升阶段所需的时间,上升的坡度和最高阶段的高度,稳定的时间,以及身体承担急剧变化负荷的能力等均有所不同。因此,学生承受运动负荷的大小要根据实际情况酌情处理,要及时地进行控制和调整。

学生技能活动能力的特点:青年机能活动能力一般是上升时间短而快,最高阶段维持时间较短;身体训练水平较高的学生,机能活动能力提高的时间较短,达到和保持最高阶段的时间延长,并可承受较大的生理负荷。

第四节　高校体育与健康课程的教学方法改革

一、体育与健康教学方法概述

体育教学方法是体育教学过程中完成教学任务或目标所采取的教学途径和手段。体育教学方法是体育教学中的一个重要教学范畴,是一定社会、一定历史阶段理论和实践的产物,是以科学的世界观和方法论为依据,是提高课堂教学效益的关键所在。体育教学方法又受到教学目的和任务的制约,直接关系学校体育教学目标的实现。随着社会经济、文化的发展,体育教学逐渐发展成为一个比较成熟的学科,其教学方法随着时代的发展而发展,随着学科的进步而更新。学校体育的价值观在发生变化,学校体育教学不仅要向学生传授体育知识、技术与技能,而且还要把增进学生身体健康,提高心理健康水平,增强社会适应能力,培养学生的体育能力和终身体育的意识作为着眼点与归宿。因此,在继承与发展传统的体育教学方法的基础上,(许多优秀的体育教学方法,是人们在长期对体育教学规律认识的基础上不断地总结和归纳出来的,传承到今天有其存在的必然性和生命力。)针对时代发展的特征,现代教育发展的特点,开创一些新的体育教学方法,与时俱进,这是历史的必然。

二、体育与健康教学方法的分类与应用

在长期的体育教学实践中,广大一线体育教师创造出了许多体育教学方法,随着时代的发展,新课程改革的需要,近年来又出现了许多新的体育教学方法,为了便于体育教学,提高课堂教学效益,对各种体育教学方法进行合理分类是非常必要的。

(一)语言法

语言法是指在体育教学中教师运用形象而又生动的语言,向学生传授体育知识、运动技能的教学方法。是教师和学生之间传递信息的主要媒介,正确地运用语言法能启迪智慧,启发学生的思维,加深对学习内容的理解,促进学生运动技能的形成,培养学生发现问题、分析问题与解决问题的能力,激发学生的学习兴趣,活跃课堂气氛,融洽师生关系。

在体育教学过程中,常用的语言法有讲解法、问答法。

1. 讲解法

讲解法是教师运用语言向学生系统的传授体育知识、运动技能的方法。讲解法分为直陈式、分段式、概要式、侧重式、对比式、比喻式等。

在体育教学过程中进行讲解时应注意:

讲解要有明确的目的性。在教学中讲什么,怎么讲,教师必须依据教学目标、教学内容、学生的特点以及教学过程的具体情况。根据学生思想上、技术上或身体发展上存在的主要问题,抓住重点与难点,有针对性地讲解,有的放矢。

讲解的内容要正确,实事求是,并注意内容的科学性。应根据学生的体育基础和已有的知识、经验,来确定讲解内容的深度、广度和方法。

讲解的语言要清晰、准确、生动、形象,简明扼要,富有感染力。要抓住教材的关键,突出重点。如快速跑的教材重点是途中跑,而途中跑的重点是后蹬,因此就应着重讲解后蹬技术。在教学中可运用体育术语和口诀进行讲解,要精讲多练,这样有利于学生正确的理解和掌握动作技术。

讲解要富有启发性。教师讲解要启发学生的思维,可以通过提问的方式来启发学生的思维,培养学生的思考能力,语言表达能力,分析能力和解决问题的能力,使学生将看、想、议、练、评有机结合起来,让学生知其然并知其所以然,学会举一反三,触类旁通。提出的问题要符合学生的认知规律,要明确具体,教师要根据教材内容和特点,精心设计富有启发性和思考价值的问题,要创设宽松的教学氛围,让学生大胆发表自己见解,及时捕捉教学中学生的疑难问题,对模糊不清的地方和错误之处,应及时地加以纠正。

要注意讲解的时机、形式和效果。在教学中,大部分的时间是让学生练习,因此,要注意讲解的时机。学生正在做练习,特别是在静止用力或是做危险性较大的动作时,教师不宜讲解或一般不要做过多的讲解,以免分散学生的注意力,引起伤害事故。课中的讲解可集中进行,也可个别讲解。

2.问答法

问答法也称谈话法。是教师和学生以口头语言问答的方式进行交流的方法。问答法有利于激发学生的思维,启迪学生的聪明智慧,培养学生的思考能力和语言表达能力,有唤起和保持学生的注意力和兴趣的作用。有利于教师及时了解与掌握学生学习体育与健康知识的情况,适时地调整教学过程。

在体育教学中问答法基本可分为传授新知问答、巩固复习问答、总结归纳式问答三种方式。

传授新知式问答,是教师依据学生已获得的知识经验引入新的问题,学生在思考上结合运用已有的知识经验回答问题的方法。

巩固复习式问答,是教师依据学生已经学习过的教学内容,检查了解学生掌握情况,巩固已学过的内容,学生回答问题的方法。

总结归纳式问答,是教师在结束一个课题或一个部分教学前,引导学生提出问题,教师进行回答。或教师设问学生回答,并在此基础上进行概括总结与归纳的方法。

运用问答法时应注意以下几点:

问题的提出要有针对性。应紧紧围绕教学目标的知识点,抓住教学的重点、难点;要切合学生的实际水平,避免提问一些怪题、偏题,防止损伤学生的学习积极性和自信心。

问题的提出要有一定的启发性。要善于运用设疑解疑的方法,启迪与激发学生积极思维,让学生学会举一反三,要鼓励学生提出问题,讨论探究回答问题,利用学生已有的知识经验对所提出的问题进行分析,判断,思考与回答。

问题的提出要注意方式方法,善于捕捉提问的最佳时机,精心设计好提问的程序,由浅入深,由易到难,由简到繁。多采用思考性问题,少用事实性问题,教师提问时态度要和蔼,循循善诱,创设一个宽松和谐的学习环境,语言要精练、准确,对一些较难的问题要留给学生一定的思考与讨论时间。

正确的运用语言法,除以上两种形式外,其他的语言形式在课程中要针对性地运用,如进行队列练习、队形变换,要运用口令;做支撑跳跃时,通过语言提示学生快推手;按教学标准对学生的行为表现,练习完成情况以口头方式进行评价等。总之,应充分利用各种形式的语言,达到良好的教学效果。

(二)直观法

直观法是指体育教学中,通过对事物或直观教具的演示,使学生利用各种感官直接感知客观事物或现象,从而获得知识的教学方法。具有鲜明的形象性、具体性和真实性。合理运用直观法,有助于学生了解动作形象、结构、要领、时空关系等,建立正确的动作表象。常用的直观法有动作示范、演示法等。

1.动作示范法

动作示范是教师或教师指定的学生以自身完成的动作为范例,用以指导学生进行学习的方法。轻快、优美的动作示范,不仅可以让学生建立正确的动作表象,了解所学动作形象、结构、要领和方法,还能激发学生的学习兴趣,增强学生学习的自信心。

示范要正确。动作示范是学生建立正确动作表象的重要信息源,对学生的运动技能学习具有重要的作用。教师的示范应是动作的典范,力求做到准确,熟练,轻快,优美。准确是指示范要严格按动作技术的规格要求完成,以保证学生建立正确的动作表象。轻快、优美是指动作做得生动,美观和诱人,这样不仅可以激发学生的学习兴趣,也有助于学生消除不必要的畏难情绪。

正确选择动作示范的位置与方向。示范的位置和方向如何,会影响示范的效果。示范位置的选择要根据学生的队形、动作结构的特点和安全要求等因素来决定。通常是动作幅度大,移动距离长,速度快的示范位置要较远;动作幅度小,移动距离短或在原地展现动作细节的示范位置要较近。由于体育运动的特点,因此根据不同的运动动作采用不同的示范面,示范面有正面、背面、侧面和镜面。

正面示范:教师面对学生站立所进行的示范是正面示范。一般用于显示左右动作,如篮球防守中的左右移动。

背面示范:教师背向学生所进行的示范。一般用于动作方向与路线变化较多,动作比较复杂的动作,以利于教师的领做和学生的模仿,如武术等。

侧面示范:教师侧对学生站立所进行的示范。一般用于显示前后运动动作,如跑步中的摆臂动作和腿后蹬的动作。

镜面示范:教师面向学生站立进行与学生同方向的示范,一般用于动作比较简单,便于教师领做,学生模仿的动作,如广播操及简单的徒手操等。

此外,示范位置与方向的选择,还要考虑到其他因素,如阳光、风向、周围的环境等,不要让学生面对阳光或迎着大风,尽量避开繁华、喧闹和有特殊物体的方向,以便集中学生的注意力。

2.演示法

演示法是教师在体育教学中通过直观教具和模型的演示,即利用挂图、人体模型、战术板、图片等道具,另外也可运用电影、幻灯、投影、电视、录像、计算机等电化教学手段,显示练习动作的结构、过程、关键和时空特征,帮助学生获得感性认识的教学方法。

直观教具和模型往往是静态的,能更长时间、更清楚地显示各个阶段的动作结构和整个过程,通过人体模型的演示,帮助学生了解动作的技术要领。采用战术板来演示各种战术配合,有利于战术教学。电化教学能够以不同的速度,不同的角度准确、完整、清楚地显现动作,有助于学生尽快建立正确的动作表象,理解动作的内在联系,对提高动作教学效果有积极的作用。在运用演示时,要目的明确,时机恰当,注意讲解与演示有机结合。实践证明,演示法不仅能理论联系实际,为学生运动技能学习提供丰富的感性材料,而且还能激发学生学习兴趣,提高教学效果。

(三)练习法

练习法是指为了达成教学目标,通过身体练习和技能学习使学生掌握和巩固运动技能,进行身体锻炼的教学方法。对促进中枢神经系统及各器官的发展和提高其机能能力,发展学生的身体素质,增强体质,培养良好的意志品质具有重要意义。

常用的练习法有:分解练习法、完整练习法、重复练习法、循环练习法等。

1.分解练习法

分解练习法是把一个完整的动作技术,合理的分解成几个部分,逐段进行体育教学的方法。优点是把动作技术难度相对降低,简化教学过程,把复杂的动作清晰化,便于集中时间和精力突破教材的重点和难点,同时还有利于学生学习自信心的建立。但是如果运用的不合理,动作技术分解不科学,将会破坏动作的完整结构,割裂动作与动作之间的内在联系,影响正确动作技能的形成,这是分解法的不足之处。分解法多用于那些动作比较复杂,可以分段而用完整法学习又不易掌握动作的情况下,或动作的某部分需要较细致练习时采用,如武术套路、器械体操、技巧等。

分解的方法有下列几种形式:

单纯分段法。将一个完整的动作按结构顺序分成若干段落,一个一个分开教学,最后再将动作串联起来完整组合。

递进分段法。将一个完整动作按时间的先后分成若干段落,即先教第一部分,再教第二部分;然后一、二两部分联合起来教学,掌握后,再教第三部分;第三部分掌握后,再将第一、二、三部分组合起来进行教学。

顺进分段法。将一个完整动作按时间的先后,分成若干段落,在掌握第一段的基础上,再将第一段和第二段组合起来进行教学,以此类推,直至完整掌握。

逆进分段法。此法与顺进分段法相反,教学顺序与顺进分段法相反。

运用分解教学法应注意以下几点:分解动作时要考虑到各部分或段落之间的有机联系,不要破坏动作的本身结构;使学生明确所划分的两个部分段落在完整动作中的地位和相互联系;分解法要与完整法结合运用,主要作用在于减少学生学习中的困难,最后达到掌握完整教材的目的。所以,分解法使用时间不宜过长,以免影响学生对完整教材的掌握,一般在学生对重点部分基本掌握时,就要及时向完整法过渡。

2.完整法

完整法是从动作开始到结束,不分部分和段落,完整地进行教学的方法。完整法的优点是保持动作的完整性,不割裂动作之间的内在联系,有利于学生建立完整的动作概念,完整地掌握动作。缺点是不易使学生很快地掌握完整动作中较为困难的环节。

完整法一般多采用于动作结构比较简单,或动作虽然比较复杂,但是用分解法会明显的破坏动作结构时采用。

完整法教学有以下几种方式:

学习简单的、容易掌握的动作时,教师讲解示范后,就可以让学生做完整练习。在练习中,教师发现错误,应及时纠正。

进行复杂和难度较高的动作教学时,可以抓住教学重点进行突破。首先掌握动作技术的基本环节,然后再逐渐掌握技术的细节部分;或者先掌握动作的方向、路线等要素,然后再掌握动作中角度、速度、节奏等要素。

对具有一定难度的教材使用完整法教学时,可降低难度,简化动作要求,再按照动作技术规格的要求进行教学。例如,学习跨栏跑可降低栏架高度,缩短栏间距离;教投掷项目,可以先减轻器材的重量;篮球的投篮、排球的发球可缩短距离。但降低要求必须以确保不形成明显错误动作为下限。

改变练习的外部条件,采用各种辅助性和诱导性练习,如在练习前、后滚翻时由高处向低处完成动作,并借助一定的外力完成完整练习。

(1)重复练习法

重复练习法是指在不改变动作结构和运动负荷的表面数据,即在相对固定的条件下,根据完成动作的基本要求进行反复练习的方法,在掌握动作技术、技能和发展各种身体素质时,通常都采用重复练习法。

重复练习法又可分为连续重复练习法和间歇重复练习法两种。

连续重复练习法是指没有间歇,连续不断地重复练习。通常用于等速的连续重复练习,对发展耐力素质帮助较大,可在一些非周期性项目中采用,如篮球的连续投篮,羽毛球的连续挥拍练习等。

间歇重复练习法是指重复练习间有相对固定的间歇。例如,400 米跑 5 次,规定重复跑之间的间歇时间为 5～8 分钟;单杠引体向上或双杠臂屈伸,规定间歇时间为 3～4 分钟等。间歇时间的控制应取决于教学的任务和不同学生的特点。

运用重复练习法应注意以下几点:

不能把重复练习法理解为简单的、机械不变的重复。教师在学生做练习时应仔细地观察与分析,及时发现问题,注意加强医务监督,避免出现不正常的反应,对学生不断地提出新的建议和要求。

重复练习的条件是基本固定不变的,学生感到枯燥无味,尤其是学生对动作已经基本掌握时,更易产生厌烦心理,因此教师要不断地变换练习方式,提高学生的练习兴趣。例如,进行 100 米重复跑练习时,在一般练习之后,可以采取追逐跑或竞赛等方式进行。

(2)循环练习法

循环练习法是根据教学和锻炼的要求选择若干个练习或者动作,分设若干作业点,要求学生在每一个作业点上完成规定的任务,做完一轮练习可再重复下一轮练习。循环练习的方式多种多样,主要是分组轮换和流水式两种。

循环练习法的特点是练习手段多样,能有效地增大练习的密度和运动负荷,能全面地发展学生体能,提高运动能力。由于采用的练习一般都是学生已掌握的、简单易行,而且是轮流交替练习的内容,既有利于提高学生学、练的兴奋性,也不易感到疲劳。

运用循环练习法时应注意以下几点:选择的练习应该是动作比较简单,而且是学生已经初步掌握的,应将发展学生基本活动能力的内容,发展学生身体素质内容,激发学习兴趣的内容以及培养良好的心理素质和团队精神的内容有机地结合起来,以利于学生身心的全面发展;应科学合理的安排练习的重复次数,间隔时间,完成每次练习的强度(如时间、高度、器械重量等),并根据学生的不同情况,区别对待;练习手段、练习量、作业点以及练习方式的选择,应根据学生的运动能力,学校的场地器材实际情况以及教学任务和教学条件来确定。作业点不宜过多,也不宜太少,一般以 4～6 个为宜;合理安排各作业点的内容,在相邻的两个点,要避免安排使用相同肌肉群的练习,点与点之间负荷大小不同的练习交替进行。

(四)预防纠错法

预防纠正错误法是指体育教学中,针对学生产生错误的原因,采取有效的措施,防止和纠正错误的教学方法。在体育教学过程中,学生的技能提高是伴随着动作错误的不断出现与不断纠正而进行的。对前一个动作环节错误的纠正,就是为了预防下一个动作环节错误的产生,为形成正确的动作技能奠定了良好的基础。

对体育教学中可能产生的错误要有一定的预见性,准确找出原因,采取积极主动、行之有效的手段与措施,尽量避免错误动作的产生,做到"防患于未然"。对已产生的错误动作要及时纠正,否则不仅影响学生正确掌握运动技能,形成错误的动力定型,还会导致伤害事故,损害学生健康。因此教学中及时准确地发现学生的错误动作,并能正确分析产生动作错误的原因,采取有效的方法,加以纠正,这对学生正确的掌握运动技能具有重要意义。

产生错误动作的原因通常有以下几种:学生学习目的性不明确,练习不认真,敷衍了事,怕苦怕累,怕受伤,缺乏勇气与毅力;学生对所学动作技术概念模糊不清,对完成动作的要领、方法不明,或者受有关技能因素干扰等;学生的能力较差,身体素质与运动能力不能适应所学动作的需要;学生在肌体疲劳,生理功能下降的情况下进行学、练,易产生动作错误;教材内容不符合学生的实际程度,安排不当,组织教法不合理;教学环境与教学条件的影响,场地、器材、设备不符合学生的实际,安全条件不好等。

纠正错误的具体方法:

强化概念法:运用语言法和直观法不断强化,让学生建立正确的概念,促进学生动作表象的形成。教师要通过生动而形象的表述性语言和示范等帮助学生明确动作的顺序、要领。结合学生的知识水平进行正误对比,了解错误的症结所在,主动避免和及时纠正错误动作。

转移法:学生因为恐惧和焦虑或受旧运动技能影响而形成错误动作

时,应采取变换练习内容,运用各种诱导性、辅助性练习,来防止或者消除旧技能干扰所产生的动作错误及心理障碍,将学生从已经形成的错误动作中转移出来,并在此基础上形成正确的动作。

信号提示法:当学生在练习中由于用力的时间或空间方向不清楚而出现错误动作时,运用标志、信号等教法措施,让学生体会动作的用力顺序、节奏和幅度,掌握时间与空间的关系。

降低难度法:在学习难度较大的动作技术时,由于运动能力与紧张心理造成动作错误,应改变练习条件,降低练习难度,以适应学生的实际水平。然后由简到繁,由易到难,循序渐进。

外力帮助法:在学生用力的部位、大小、方向、幅度不清楚而出现错误动作时,可采用助力与阻力,帮助学生建立正确动作的本体感觉,纠正错误动作。

另外,还应加强对学生有关学习目的的教育,有目的、有步骤、有措施地培养学生勇于克服困难的顽强意志品质,特别注意激励、调动学生的学习积极性,提高完成动作的自信心。

纠正学生错误动作时应注意以下几点:在指出动作错误时,教师要耐心细致,循循善诱,要充分肯定学生的成绩,多鼓励,忌讽刺和挖苦,分析原因,提高学生改错的决心与信心;纠正错误,要抓主要环节,往往主要的动作错误被纠正了,相关的错误动作就会随之消除。

(五)游戏与比赛法

1.游戏法

游戏法是教师组织学生以游戏的方式来完成教学任务的一种教学方法。游戏法通常有一定的情节和竞争成分,趣味性强,能充分调动学生的学习积极性和练习热情,内容丰富,形式多种多样。学生在游戏中通过个人与个人之间的竞争,团队与团队之间的竞争,对陶冶学生的情操,培养学生良好的道德品质,集体主义精神,思考和判断能力以及良好的心理素质都有显著作用。

运用游戏法应注意以下几点:游戏的内容通常都有一定的情节。采用游戏法时,应按照教学的意图和设计,赋予游戏以一定的形象内容。在选择游戏练习的内容时,可直接选择日常生活中的某些活动,但注意练习内容应以全面发展学生的身体为主。游戏选择的内容与形式,应根据教学目标的要求,具有明确的目的,并采取相应的规则和要求。教育学生自觉地遵守规则,同时鼓励学生合理运用规则,在规则允许的范围内,充分发挥自己的主动性和创造性。游戏的裁判应做到认真,公平,公正,准确,客观的评价游戏的结果,包括胜负以及学生在游戏中的表现。要科学合理布置好游戏的场地与器材,加强安全教育,做好组织工作。

2.竞赛法

竞赛法是指在比赛的条件下组织学生进行技能学习和练习的教学方法。竞赛法的特点是具有强烈的竞争性,激烈的对抗性。学生的情绪高涨,学生要承受很大的运动负荷,能促进学生最大限度发挥肌体的功能能力,提高合理运用动作技术、技能的能力,培养勇敢、顽强、集体主义精神等优良品质。

运用竞赛法应注意以下几点:明确竞赛法的目的,应依据教学目标、教材性质等实际情况,合理地运用比赛方法。要做好比赛的组织工作,合理配对、分组。两队的水平应接近,便于充分调动学生学习的积极性,无论个人与个人比赛,还是组与组比赛,应做到双方实力比较均衡,这样的比赛才能激烈而富有情趣。采用比赛法进行练习,学生兴奋性较强,教师要注意调节和控制学生的运动负荷,合理地进行分组和轮换,使学生机会均等,又可避免过度疲劳。通过比赛不失时机地对学生进行思想品德教育,养成良好的体育道德,自觉遵守比赛规则,学会合作,学会尊重对手,防止伤害事故的发生。

(六)自主、合作、探究教学法

1.自主学练法

自主学练法是指学生在教师指导下,按照一定的要求,相对独立地进行学习与练习的方法。在体育教育过程中,学生的心理、生理、技能、体能、学习能力、兴趣爱好等方面都存在着差异,每一名学生都有自我发展、自我提高的需要,每一名学生都有达到目标的最适宜方法。现代体育教学理论越来越关注引导学生自主学习,因此,在体育教学中应该给学生自主选择学习内容和方法的时间和空间,从而让学生学会自主学习。它是激发与调动学生学习主动性、积极性、创造性的重要途径。它能充分确立学生的主体地位,启迪学生的聪明智慧,挖掘学生的体育学习潜能,培养自主学习与自主练习的能力,为终身体育奠定良好的基础。

2.自主学习法

自主学习法是指在教师的指导下,学生自主学习体育与健康知识,学习理解掌握动作技能的方法。主要包括阅读法、观察法等。通过这些具体方法,培养学生的认知、观察、分析能力,从而进一步加强对体育知识与动作技术的认识与理解,尽快形成动作技能。

阅读法:是学生通过阅读体育课本以及其他参考资料,感知、理解体育与卫生知识和基本原理方法。首先教师要指导学生掌握阅读的方法,注意抓住学习的重点与关键,将阅读和思考结合起来,学会理论联系实际,看与练结合使阅读真正为解决体育实践中的问题服务。

观察法:是学生自己有意识地通过各种感官感知学练的内容,初步建立动作的表象和正确动作概念的方法。首先教师要指导学生掌握观察的方法,加强观察的目的性,注意观察的顺序,将感性认识与理性认识有机地结合起来。

3.自我练习方法

自主练习法是在教师的指导下,以学生自身的独立活动为主,有目的进行各种身体练习,掌握体育与健康知识,形成巩固提高运动技能的方法。自主练习法包括模仿练习法、强化练习法、自选练习法、创编练习法等。

模仿练习法:是学生按照提供的动作规格进行模仿性练习,体会运动感觉,形成运动技能或操作技能的方法。

强化练习法:是在多次反复练习的基础上,为了更好地掌握运动技能,创设比较复杂多变的练习条件与外部环境,通过强化练习,进一步巩固提高运动技能的方法。

自选练习法:学生根据自己的兴趣爱好,已有的知识、经验和运动能力,自主合理地选择的学习内容和方法。

创编练习法:是学生运用已有的体育知识与运动技能,凭借自己的聪明智慧,对已掌握的运动技能进行大胆的改造与创新的方法。

4.自我评价方法

自评法是指在教师的指导下,学生独自依据教学的要求和标准针对自己在体育与健康课程学习过程中知识与运动技能掌握的情况,学习目标、参与程度、学习态度、合作精神等方面进行评判,促进体育与健康课程学习的方法。让学生开展对自己学习进行评价的目的是及时了解自己的学习表现以及学习的程度,判断学习中存在的不足和原因,改进学习,培养和提高学生自我认识和自我教育的能力。自评能力是体育能力的重要组成部分,能否对体育行为进行正确的自我评价,是一个人自主学习的重要标志。自我评价方法主要包括自省、自评、自我反馈、自我暗示等。

自主学练法的一般教学步骤:

学生自定目标。学生在教师的指导下,依据体育与健康课程的学习目标,结合自身的实际情况,根据自己的特点、学习能力与潜力,科学、合理、有针对性地确定自己的学习目标,制定自主学习的计划。

学生自主选择学习内容和学习方法。学生根据自己已有的知识、经验和运动能力,合理地选择具体的学习内容和方法。

学生自我评价。学生根据自己确立的体育学习目标,分析、判断、反思自己在体育学习过程中的情况,扬长避短,了解自己的优势与不足,为积极调控奠定基础。

学生自我调控。学生对照自己的学习目标,根据自己的实践情况,针对学习中存在的问题,找出问题的症结所在,及时地修正学习中的偏差,调整自己的体育学习目标,重新审视和改进自己的学习方略,以促进体育学习目标的达成。

运用自主学练法时应注意以下几点:

使学生具有明确的学习目的,提高学生对自主学习的认识,确立正确的学习动机。自主学练法是体育教学与课外体育、终身体育接轨的重要环节,科学的掌握自主学练法,才能为终身体育奠定良好的基础。

教师要让学生掌握自主学练法的方法,学会阅读,学会观察,学会自我规划,学会自我监控,学会自我调整,学会自我评价。

营造自主学练的环境与氛围,在体育教学中教师有意识地创设一些学生独立自主学习的条件,可采用个人独立练习、分组练习、自由练习等多种形式,使学生有好的自主学练环境。

创造学生自我评价与相互评价的条件。通过自我测定,达到自我了解。通过教师的提问,引导学生对自己的学习目标、心理、生理机能、动作完成情况、动作效果进行自我评价;要把学生的自我评价作为一种学习性、形成性的评价,同时将个人评价与相互评价相结合,不断地提高学生的自我评价能力。

5.合作学习法

合作学习是指学生以小组或团队共同完成某一任务,有明确的责任分工的互助性学习方法。合作学习将个人之间的竞争转化为小组之间的竞争,既有助于培养学生的合作精神、团队意识和集体观念,培养学生的竞争意识与竞争能力,还有助于因材施教,使每一名学生都能得到充分地发展。

运用合作学习法的一般教学步骤:

科学地进行组合。组内异质,组间同质,体育教师根据班级人数、学校场地器材条件和教学内容,将学生分成若干个6～8人组成的异质合作学习小组,但组与组之间同质,以便发挥各组的潜力,进行公平合理的竞争。

各小组在教师的指导下,根据本单元的学习主题,由小组的全体成员共同讨论确立学习目标。

选择课题,分配角色。为学习目标的达成,小组选择、讨论、确立达到目标的课题。在不同学习任务中角色可以轮流互换,这样既保证了小组互助合作,学习分工明确,秩序井然,又能使个人能力充分发挥和彼此协调。

学生在小组长的带领下,根据教学要求,围绕学习的主题,开展学习讨论与交流,有针对性地进行自主学习,并进行组内的互相帮助,共同思考。小组成员做到各负其责,各司其职,各显其能,共同完成学习任务。

学习成果展示、比较与评价。各小组向大家展示学习成果,相互学习交流,取长补短,进行分析比较,大家共同分享学习与研究的成果,寻求最佳的学习方案,提高学习能力。学生和教师进行评价,学生自我评价,小组成员相互评价,小组与小组之间的相互评价,教师对个人或小组的评价。

运用合作学习法应注意以下几点:合作学习的设计和组织应从学生的认识水平、交流能力和体育基础出发。合作学习的设计应具有一定的可操作性,防止出现自由化和形式化的倾向。合作学习是一种开放式、互动式的学习,要让学生有更多的学习空间和自由分配时间,这种教学思路并不是放羊式教学,而是通过群体的合作学习,培养学生自主学习合作创新的能力,教学中要做到"严而不死,活而不乱","统而有法,放而有序"。教师应注意对各种合作学习反馈信息的收集、整理和分析,以便及时修正教学方案。实施合作学习应考虑到不同层次学生的各自学习需求,尽可能顾及全体学生,使每一名学生受益。

6. 探究学习法

探究学习法是指教师在教学过程中引导学生在体育活动过程中选择和确立研究主题,创设类似于研究的情境,让学生自己通过观察、验证性活动、思考、调查、讨论、收集与信息处理等途径自主地探究学习,发现问题,获得体育与健康知识、运动技能、情感与态度的发展,促进学生探索精神与创造性思维的发展的学习方法。

运用探究教学法的一般教学步骤:提出问题或创设问题的情境。教师根据学生具有的体育知识与技能,结合所教的具体内容向学生提出需要解决或研究的问题,使学生在这种情境中产生疑难和矛盾,带着问题去探索;学生针对教师提出的问题,分组讨论,各自提出各种假设与解决问题的方案;学生将假设与方案,通过体育与健康学习活动进行实践验证,学生如有不同观点可以开展讨论与争辩,对动作技术的原理方法和争论的问题作出补充、修改和总结,得出共同的结论;在小组探究学习的基础上进一步对解决问题的过程与效果进行评价,激发学生的探索热情,发展学生的创造性思维能力。

运用探究性学习应注意以下几点:

科学合理地设置问题。体育教师提出的问题首先要依据教学要求、教学内容的特点和学生的知识、能力的实际水平,把教材中的某一知识点或问题确立为学生探究的课题。要因势利导,运用已知探求未知,激发学生的探究积极性。

积极引导学生探究。体育教师应有目的、有意识地提出问题,鼓励学生敢于标新立异,大胆创新。教师对学生在探究过程中出现的问题和错误要给予理解、宽容和疏导。

加强教学组织工作。学生的探究学习过程不是一种自发的、随心所欲的活动,是在教师严密组织和积极引导下进行的。教师要善于捕捉、保护学生创新思维的闪光点,创造机会,创造条件组织他们去发现,去探索,去创造。学生在探究学习的过程中可能会遇到各种疑难杂症,这就需要教师不失时机地帮助学生启发和引导他们进行联想、对比、分析,使学生的思维活动不断深化,避免学生多走弯路,建立信息,以产生最佳的学习效益。

努力创设一个有利于学生进行探究学习的良好氛围。霍姆林斯说过:"学习不是毫无表情地把知识从一个头脑再装进另一个头脑,而是师生之间每时每刻都进行心灵的接触,情感的交流,知识的沟通。"素质教育呼唤同化了的师生关系,让学生在宽松、和谐、融洽、默契的氛围中进行学习,努力为他们提供探究和发现的真实情境,使他们形成主动探索创新的心理愿望和性格特征,形成一种以创新精神吸取知识,运用知识的心理趋向。要敢于让学生大胆实践,发表不同的见解;让学生具有展示才华表现自我的空间;让他们去发现,去探索,去创造。

在体育与健康课程运动技能的探究学习中,不仅仅是解决理论层面的理解,懂不懂和知不知的问题,更重要的应该是让学生大胆地实践,做到理论与实践相结合,解决会不会的问题,只有这样才能有利于学生的运动技能形成和掌握。

三、体育与健康教学方法的选择与运用

随着体育教学改革的不断深入,广大体育教师教学经验的不断积累和现代科学技术的发展,体育教学方法变得越来越丰富多样。体育教学中教师能否科学、合理地选择教学方法是直接影响着教学质量,因此要根据体育教学的目标和各种教学因素,有针对性地、灵活地选用适当的教学方法,并能合理地相互搭配,对体育教学效果能否达到最优化具有重要意义。也可以说教学效果的好与坏,教学质量的高与低,在很大程度上取决于教师是否能妥善地选择适宜的教学方法。俗话说"教无定法,贵在得法",教学方法人人会用,但各有巧妙不同。对于广大体育教师来讲,一方面要学习有关体育理论知识,掌握前人创造的行之有效的体育教学方法;另一方面还要不断实践,反复总结经验,形成适合自己特点的一整套体育教学方法。这样在选择与运用体育教学方法时才能得心应手,同时又不能故步自封,需要不断地改革创新,丰富自己体育教学方法的"宝库"。

(一)选择体育教学方法的基本要求

1.要根据体育教学目标来选择教学法

体育教学的目标与教学任务的不同,需要匹配不同的体育教学方法。在新授课的教学中,可多采用语言法和直观法;在复习课的教学中,更多地采用练习法和比赛法等教法。

2.要根据教材内容的性质来选择教学方法

根据不同性质的教材内容,应采取不同的教学方法。动作技术相对简单或动作结构不易分割的可采用完整教学法。如跑步、跳跃等;动作比较复杂,初学者可采用分解教学法。如器械体操、游泳等;以提高身体素

质为主的练习可采用循环练习法;在枯燥项目的学习时,为了提高学生的学习兴趣和学习积极性可采用游戏教学法。在体育教学中教师应根据教学的内容和性质,从实际出发,创造性地运用各种教学方法。

3.要根据学生的特点来选择教学法

体育教学方法的根本目的是更好地促进学生的体育学习,因此在选择教学方法时要充分考虑学生的年龄、性别、体育基础、体育水平等因素,要符合学生的认知规律和身体发展特征。从学生的实际情况出发,选择那些最符合学生条件和能促进提高学生技能发展的教学方法。

4.要根据教师自身的专长特点来选择教学方法

在体育教学方法运用时,体育教师要充分发挥自身的专长和特点,根据自己的实际情况,扬长避短,采取与自己条件相适应的教学方法。语言表达能力比较强的,就可以多采用生动形象的语言来表达;运动技能和身体形象比较好的,可以多用动作示范的方法,使学生产生学习兴趣和信任感;年龄大的教师,动作示范有一定的困难或很难规范的展示动作技术,但他们具有丰富的教学经验,可以多采用演示法,通过精辟的语言讲解和分析,让学生获得感性认识,激发学生学习兴趣。当然作为一名优秀的体育教师应该做到一专多能,全面发展,这样才能具有选用各种体育教学方法的能力。

5.要根据各种体育教学方法的功能有针对性地选用教学法

每一种体育教学方法都有独特的功能,任何体育教学方法都不可能是万能的,有其长必有其短。体育教学方法受教学过程各种因素的影响,同一种教学方法同时施教于两种不同的教学对象(年龄、性别、运动技能、身体素质等体育基础),很有可能会产生两种不同的教学效果,因此,在教学过程中必须认真分析教学法的功能、对象和条件,有针对性地选用教学方法。

(二)运用体育教学方法的建议

应有利于促进学生体育与健康的知识与技能、过程与方法、情感态度与价值观的整体发展,充分发挥体育促进学生全面发展的重要作用。

应根据不同水平学生的身心发展特点,遵循体育教学的内在规律,提高课堂教学的针对性和实效性,加强教法与学法的研究,不断创新,调动学生体育与健康学习的积极性。

应在运动技能的教学中,安排一定的时间和空间,选择简单有效的练习内容,采用形式多样、丰富多彩的方法,发展学生的体能。让学生运动技能提高与体能发展同步进行,相得益彰。

应营造良好的学习氛围,创设民主、宽松、和谐的体育与健康教学情境,有机地将自主、合作、探究学习与传统的教学方法结合起来,引导学生在体育活动中,通过参与体验、探索思考、合作交流等方式获得体育与健康的基础知识、基本技能和方法,培养学生自我锻炼、解决困难、合作交往等能力,开展富有个性的学习,不断丰富体育活动经验,学会体育学习和锻炼。

应关注个体差异与不同需求,充分注意到学生在身体条件、兴趣爱好和运动技能方面存在着个体差异,确保每名学生受益。重视学生的个性发展,在体育与健康教学中做到因人而异,区别对待。根据学生体育基础的不同,有针对性地采用相应的教学方法,使所有学生在原有的基础上学有所获,体验到成功的喜悦,使每名学生都有机会享受平等的体育教育,提高他们的自尊和自信,促进每位学生全面发展。

第四章

体育与健康校本课程的资源整合研究

第一节　体育与健康校本课程开发的理论基础

体育与健康校本课程开发是指以学校体育教师为主体,在国家体育与健康课程标准和地方体育与健康课程实施方案的指导下,依据学校自身的性质、特点、条件以及可利用和开发的体育资源,为满足学生的体育需求和促进学生健康发展而开展的一系列活动。校本课程开发包括两大范围:一是国定课程、地定课程校本化、个性化的改造与实施,即学校体育教师通过选择、改编、整合、补充、拓展等方式对国定课程、地定课程进行再加工、再创造,使之更符合学生、学校和社会实际需求;二是学校设计开发的新课程,即在具体实施国家体育课程、地方体育课程的过程中,在充分考虑当地社区和学校体育与健康课程资源的基础上,以学校和体育教师为主体创编的适合本校学生实际的课程。

一、体育与健康校本课程开发的依据

(一)三级课程管理是体育与健康校本课程开发的政策性依据

《基础教育课程改革纲要》明确指出,"为保障和促进课程对不同地区、学校、学生的要求,实行国家、地方和学校三级课程管理"。[①] 这为体

---

① 参见《教育部关于印发＜基础教育课程改革纲要(试行)＞的通知》教基[2001]17号。

育校本课程开发提供了法律性保证。体育与健康课程标准改变了传统《体育教学大纲》统得过死的局面,以目标统领内容,至于具体采用什么内容、什么方式和步骤去实现这些目标,各地、各校有充分的开发空间,使体育校本课程开发成为可能。在三级课程管理体系中,地方一级的课程管理承担着重大的责任,因此,各地在体育与健康课程标准的指导下,制订适合地方特点的体育与健康课程实施方案,有效指导校本课程开发,构建完善的三级课程管理体系。

(二)体育学科的特点是体育与健康校本课程开发的多元化依据

体育课程自身的特殊性,使其在进行校本课程开发时具有较大的空间。体育课程内容具有"一项多能,多项一能"的特点,达到课程目标不受特定教材的限制,在学科内容排列方式上存在逻辑关系和并列关系。一些内容间并未表现出很强的逻辑关系。学习中可以对规则、器材、动作进行改造,使之变得容易,也可以选择具有民族、地域特点的本土化体育活动,以达到课程目标为前提,课程内容的选择可不受课程标准的限制。因此,课程内容的选择具有较大的灵活性和功能的可代替性。

二、体育与健康校本课程开发的主要影响因素

学校是真正发生教育的地方,学校生活将受到越来越多的关注,相对于传统的国家课程开发来讲,校本课程开发更具有民主性和开放性。因此,影响体育校本课程开发的因素是多方面的,如图4-1所示,直接对体育与健康校本课程开发产生影响的主要有国家的课程标准、地方各级政府及教育行政部门制订的课程实施方案、校长、教师、学生、家长、社区相关人士和学校、社区体育环境等。其中国家课程标准更多的是对能不能以及能够在多大程度上进行体育与健康校本课程开发提出指导性意见,而很少对体育校本课程开发进行具体的安排。

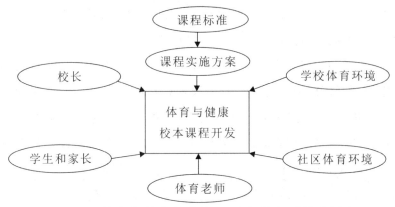

图 4—1　体育与健康校本课程开发的主要影响因素

第二节　体育与健康校本课程的资源类型

　　顾明远先生在其主编的《教育大词典》中提出了与课程资源相类似的一个概念,即教育资源,指的是"教育过程中所占用、使用和消耗的人力、物力和财力的总和"。钟启泉教授在《基础教育课程改革纲要(试行)解读》一书中也认为课程资源的概念有广义和狭义之分。广义的课程资源指有利于实现课程目标的各种因素。狭义的课程资源仅指形成课程的直接因素来源。体育课程资源是体育课程设计、实施和评价等整个体育课程与教学过程中可资利用的一切人力、物力以及自然资源的总和,包括学校、家庭和社会中所有有助于实现体育课程目标,促进体育教师专业成长和学生全面发展的各种资源。

一、体育与健康校本课程资源的类型

　　校本课程资源是校本课程开发的重要组成部分,没有校本课程资源,校本课程就不会有趣味,也不能满足学生的需求,更不能促进学校特色的形成。我们可以对校内和校外的丰富课程资源予以开发和利用。

　　体育与健康课程标准中指出,体育与健康课程资源的开发与利用应从人力资源的开发、体育设施资源的开发、课程内容资源的开发、课外和校外体育资源的开发、自然地理课程资源的开发和体育信息资源的开发等方面着手进行。在人力资源开发方面,体育与健康课程标准指出了许多人力资源,如班主任、有体育特长的教师、校医、社会体育指导员、家长等可以利用的资源。在体育设施资源的开发中,体育与健康课程标准主要从五个方面进行阐述:发挥体育器材的多种功能;制作简易器材;改造场地器材,提高场地利用价值;合理布局学校场地器材;合理使用场地器材。在课程内容资源的开发方面,体育与健康课程标准明确提出了体育与健康课程应注意对现有运动项目的改造,对新兴运动项目的引进以及对民族、民间传统体育资源的开发。在课外和校外体育资源的开发方面,体育与健康课程标准主要从课外体育资源和校外体育资源的开发方面进行了阐述。在自然地理课程资源的开发方面,体育与健康课程标准主要从利用地域特点及季节特点等着手进行了举例说明。在体育信息资源的开发方面,只做了较为简单的阐述,这为校本课程资源开发与利用指明了方向。

体育与健康课程资源可以分为物质的与非物质的两大类,再将非物质的分为体育课程思想资源、体育课程知识资源和体育课程经验资源三种;物质的分为体育课程人力资源与体育课程物力(财力)资源两种。

体育课程思想资源是指一切有可能参与到体育课程活动之中,影响体育课程活动的各类人员所具有的全部思想观念。它是存在于体育教育系统中的教师、学生、管理者、研究人员和其他工作者头脑中的直接支配他们活动的各种观念。包括体育哲学思想资源和体育人文思想资源。

体育课程知识资源包括健康知识资源、运动技术知识资源和体育人文社会学知识资源。这些资源实际上也属于体育课程内容资源范畴。

体育课程经验资源是指体育教育系统的教师、管理者、研究者、工作人员和学生所具有的个人经历的总和。他们各自的经验有所不同,但也有一些共同点,他们都有受教育的经验、社会生活经验、学校生活经验和体育运动的经验,只是各自的经验内容、性质、水平等不一样。教师的经验是起主导作用的课程资源,它支配着课程活动的过程,这是不容否定的现实。教师的经验对学生的经验的形成是至关重要的。要充分挖掘体育教育工作者包括体育教师、体育指导员、体育专家、有体育特长的其他教师等的经验资源使学生形成良好的体育经验。

体育课程物力资源由体育课程物质资源和体育课程财力资源组成。体育课程物质资源可分为体育课程自然地理资源、体育课程设施资源和体育课程信息资源。体育课程财力资源可按来源分为三部分:政府财力资源、社会财力资源和学校财力资源。如何挖掘多元化的财力资源,提高学校体育经费,是体育课程资源研究的重要课题。

体育课程人力资源主要包括:体育课程人力需求资源、体育课程人力供给资源、体育课程人力配置资源、体育课程人力开发资源。

在体育信息资源方面,随着信息技术的发展,网络已经进入人们的社会生活,并产生了广泛的影响,它已成为一种独特的资源。它虽然是一个虚拟的世界,但同广播、电视、报刊一样都需要物质设施的支持,需要投入大量的资金进行建设,所以,从这个意义上讲体育信息资源应归属于体育课程物力资源范畴。

二、体育与健康校本课程资源开发的特点

(一)开发利用的统一性

体育课程资源的开发与利用是密切联系在一起的,开发是利用的前提,利用是开发的目的。从这种意义上讲,一切有可能成为体育与健康课程资源的资源都具有开发利用的统一性的特点。

(二)一物多用的多元性

同一体育与健康课程资源对于体育与健康课程具有不同的用途和价值,因而体育与健康课程资源具有多质性的特点。如跳绳既可以提高有氧耐力和弹跳力,也可以用于培养学生的团结协作精神,还有利于培养学生坚韧不拔的意志品质等。

(三)开发创造的生成性

校本课程资源开发给学生提供了一个体验和探究的空间。伴随着开

发活动的进行,学生的探究活动、师生之间的交流对话、学生的疑难问题等都是重要的课程资源,并且这种动态性的资源会慢慢增加。因而,校本课程资源开发也就具有了生成性的特点。

第三节　体育与健康校本课程资源的开发与利用

一、竞技运动项目资源的开发与利用

(一)竞技运动项目资源改造的意义

《体育社会学的基础理论》一书中提出,现代竞技运动由游戏向职业竞技的变化可以分为五个阶段,即游戏——非正规竞技——半正规竞技——正规竞技——职业竞技。[①] 上述五个层次越向高级阶段发展,技术的规范化与规则的严密化程度越高。正规竞技规则是由国际专项体育协会确定;而半正规竞技以下的层次,其规则可由参加者或组织者全部或部分地参与制订,这为教师改造竞技体育项目提供了权限。竞技运动具有教育、娱乐、政治等多种功能,通常表现出以下特征:竞争竞赛、休闲消遣、娱乐观赏、荣誉自尊、挑战自我、悬念刺激、自我显示、精神激励、情绪宣泄等。对竞技运动项目进行改造,有利于激发学生的学习兴趣,有利于学生更好地锻炼身体、增强体能、增进健康、发展个性,有利于学生适当掌握最基本的运动技术技能,为终身从事体育健身活动奠定良好的基础。竞技运动项目的开发与创新对提高教学设计水平,丰富学生的学习内容,推进体育与健康课程改革具有重要的现实意义。

(二)竞技运动项目资源改造的基本思路与方法

在竞技运动项目改造的具体操作中,要根据体育与健康课程标准的

---

① 顾渊彦,王达梅.国家体育课程的校本开发之四——竞技运动项目的开发与改造[J].中国学校体育,2010(1).

精神,遵循体育规律和健身原理,在充分研究竞技运动项目的教育性、教师的可操作性和学生的可接受性的基础上,从运动的方向、形式、路线、距离、顺序、节奏、规格、场地、器材、规则要求、参加人数等运动学、动力学及体育与健康特征方面,对竞技运动项目进行加工改造,使其成为有健身价值的、适合学生身心发展的体育课程。

竞技运动项目资源改造的基本思路:

(1)学生技能水平和游戏规则相适应。

作为具体的一个班级的学生,或是具体的一个学生,他们的技能水平是相对稳定的,既不会在短期内快速提高也不会在短期内无故下降,因此只能使游戏规则适应学生的技能水平。教师在设计和开发游戏规则之时,首先要考虑的是学生现有的技能水平。现代竞技运动由游戏向职业竞技变化的五个层次是以规则的制定程序为依据,因此采用何种层次的规则不是由教师随意确定的,而是应当以学生的技能水平来确定。一般来说,低年级学生技能水平低,采用游戏和非正规竞技的机会就多些;而高年级学生技能水平高,采用正规竞技的机会就多些。但是,对竞技战术的教法手段,无论是低年级还是高年级,大量采用游戏教学会提高教师教学效果。

(2)规范性开发和适应性开发相结合。

竞技运动的开发有两类,一类是规范性开发,另一类是适应性开发,有时也会出现规范性和适应性相结合的开发。在开发一个新的运动项目时,一般是从游戏开始,逐步在技能上规范、规则上严密,最后发展为一个独立的运动项目。例如乒乓球,它是从模仿网球,在桌子上用板击打小球的游戏开始的,现在已逐步发展成乒乓球运动。在我国的江苏省,开发了三门球,它的开始也是游戏,但逐步对球型、场地、参赛人数、比赛规则、失分办法等作出规定,并组织了省级比赛,现已走向规范。作为学校体育开发的新项目,如毽球、藤球等,也是沿着规范性开发的途径发展着。所谓适应性开发,是对已有的运动项目降低技术难度、减小负荷强度、修改比赛规则,简化要求,简化技术结构,降低运动难度、动作难度,使其成为半正规、非正规的比赛或游戏,改造场地器材,以适应学生现有的技能水平,适应性开发在课程改革的实践中已有了广泛的应用。部分运动项目的开发适应性和规范性兼而有之。例如沙滩排球、软式排球,一开始是排球运动的适应性开发,后来成为独立的运动项目。

二、健身休闲类体育项目资源的开发与利用

健身休闲运动项目是指人们利用余暇时间,为了达到休闲、健身、娱乐等多种目的进行的各种身体活动方式。这些活动都需要参与者身体力行并掌握一定的技术技能知识。

1.健身健美类休闲活动的内容有健身、健美操、啦啦队、普拉提、体育舞蹈、街舞、瑜伽等,是带有表演性、艺术性、技巧性的有氧运动。健身健美类休闲活动伴以节奏强劲的音乐和豪迈奔放的舞姿,用于体形训练、调节机能、提高审美能力和增强审美情趣,以达到外在美和内在美的统一,展示出大自然赋予人类的体态美和体育活动的运动美。

2.娱乐游戏类休闲活动有跳绳、钓鱼、风筝、踢毽子、打陀螺轮滑、飞镖等。这些活动源于古代的民间游戏,历史悠久,在漫长的实践和传承过程中经过人们不断的修改、创新,已发展成现代颇具特色的项目。娱乐游戏类活动最大的特点是具有明显的娱乐性,在活动中尽情玩耍,在玩乐中强身健体、陶冶情操、培育品格、开拓思维,感受身心愉悦的体验。

3.运动竞赛休闲运动有休闲竞技比赛、野外拓展、组队对抗等项目,具有技艺性、竞争性和规则性的特点。体育活动的竞技性赋予体育这一人类文明活动无限的魅力,吸引着人们广泛参与。通过竞赛活动展示自我、张扬个性,体现人类敢于创新、顽强拼搏、奋力争先的精神。通过竞赛对抗活动,可以满足竞争的心理,展示个人的智慧和才华,还可以从中学会正确处理人际关系,宣泄心中的郁闷,调整心态。

4.养生保健类活动有太极拳、八段锦、气功、五禽戏等,其特点是内向含蓄、自得其乐,在安逸的心境和清静的环境下,身心双修。在传统文化思想中,无论是儒家、道家还是佛家,"天人合一、人与自然的和谐等养生

的理念,形神兼备,休养生息、修身养性"等,都是中国古代休闲养生追求的境界。

5.探险拓展类休闲活动有登山、野营、攀岩、蹦极、定向越野、漂流、徒步穿越、驾车、自行车等项目,内容丰富、形式独特,具有体能训练、技能训练、生存训练、心理训练、人格训练和管理训练多方面功能。它们吸引着众多热衷于冒险刺激、磨炼意志的运动休闲爱好者去探索、体验,体现人生的价值。

这些健身休闲类体育项目既有各自的特色,又有良好的健身价值,是学校体育教学活力的源泉,是体育与健康课程将着力开发、利用的宝贵的资源。健身休闲类体育项目有很多内容,选择和应用时,要根据学校的地域特点、环境因素、学生情况等进行选择。在选择和开发这些项目时,要对动作进行设计,以符合学生身心发展的实际需求,开发简单、大方、美观、健康、活泼、参与性强的课程内容。经过改造的健身休闲类体育项目,将成为学校体育与健康课程的重要开发内容。

三、体育场地器材资源的开发与利用

1.巧用篮球场。篮球场不仅是篮球教学专用的,有许多运动都可在篮球场进行。如利用球场的边线或端线组织短距离跑,往返跑,利用三分弧线组织弯道跑,利用两个半场组织跑四角比赛,利用三个圆做角力游戏,还可在篮球场地上组织足球赛。

2.妙用小垫子。某些学校这些体育器材很少使用,原因是体育教师不善用,有的体育教师觉得搬进搬出麻烦就干脆不用,造成有限体育器材资源的浪费。垫子不仅用于滚翻、仰卧起坐等练习,还可用于立定跳远和各种趣味跳教学,小足球比赛中用于球门,用于跨过、绕过障碍教学,用于游戏投掷打靶、穿过小树林等。只要广大体育教师充分利用好现有的体育器材,就能更好地激发学生的兴趣,提高学生锻炼的效果。

3.栏架可以用来跨栏,也可以用作投射门,还可以用作钻越的障碍等;利用跳绳可以做绳操、斗智拉绳等。实心球可以用来投掷,用来当作负重物、障碍物、标志物,还可以用来打"保龄球"。

4.自制简易的器材,丰富体育活动。利用废旧物、生活物品、生活设施和生活工具等解决器材的短缺问题,改善教学条件,是一个"量材录用"、因陋就简的积极的办法。如一张平时只能当废品卖的报纸,可以制成"小棒""标枪""金箍棒"。又如一个自行车轮胎也可以让学生玩得很开心,当呼啦圈,用来拔河,还可以用来让学生钻过去,在运动员素质练习的时候可以用来辅助练习后蹬腿跑。这也是利用废物的好例子。

学校应根据本校和学生的实际情况,合理地开发利用运动场地,最大限度地挖掘场地的使用空间和时间,充分利用学校的空地和学校周边环境,合理地安排好运动的时间,处理好"利用"与"安全"的关系。

四、自然地理资源的开发与利用

我国地域辽阔,资源丰富,有着千姿百态的地况地貌和气象万千的季节气候。在大自然中,空气、阳光、水、江、河、湖、海、森林、草原、山地、丘陵、沟渠、田野、海滩、沙丘以及春、夏、秋、冬四季都蕴藏着十分丰富的体育课程资源,利用它们可以进行各种各样的体育活动。例如,利用空气,可以进行有氧运动,如散步、慢跑、有氧操等;利用阳光,可以进行日光浴;利用水,可以进行游泳、跳水、温泉浴等;利用山地,可以进行登山、攀岩等;利用沟渠、田野,可以进行越野跑、有氧耐力运动等;利用海滩,可以进行慢跑、沙滩排球、日光浴等;利用江、湖,可以进行龙舟竞赛、游泳等;利用雪原,可以进行滑雪、滚雪球、打雪仗等;利用草原,可以进行骑马、练习武术等。春季可以春游、远足;夏季可以游泳、打沙滩排球;秋季可以秋游、爬山;冬季可以滑雪、滑冰、长跑等。自然地理资源的内容与形式丰富多样,开发与利用应适合学生的年龄特征,要既能满足学生的兴趣和爱好,又能做到因地制宜和因时制宜,促进身心健康发展,实现体育课程目标。

五、人力资源的开发与利用

体育课程实施过程中应重视开发与利用人力资源,除了体育教师以外,还应注意发挥班主任、有体育特长的教师、卫生保健教师和校长的作用,指导和组织学生进行体育与健康活动。

(一)体育教师

体育教师本身就是体育课程中的重要资源。要充分地挖掘并有效利用体育课程资源,最大限度地发挥体育课程资源的效益和价值,需要体育课程资源开发者特别是体育教师在体育课程资源开发与利用中积极发挥主体性作用。同样的体育课程内容,同样的学生,不同的体育教师上课,其效果也大不一样,不同体育教师对体育课程资源开发利用的不同观念往往发挥着很重要的作用。体育教师在体育与健康课程的教学活动中,承担着更多的教学使命,不仅仅是向学生传授运动知识和技能,而且要通过体育与健康课程的教学,努力促进学生健康、全面地发展。体育教师首先应是一名教育者,其次才是一名体育工作者,应在培养人方面承担起更多的职责、发挥更大的作用、体现更高的价值。体育教师应从一个"教书匠"转变为一个研究者、开发者,进入体育课程实施过程。

(二)班主任

在日常的体育教学和体育活动中,体育工作离不开班主任的支持和帮助。与班主任相处是体育教师着力要做的一项重要的工作。班主任在管理自己的班级时,会对班级的纪律、学习等日常工作花费很多精力,更不想让自己所带的班级在学校任何活动中落后。所以很多班主任对所有任课教师都持有很高的期望,希望任课教师能认真对待自己班级的课程,配合班主任做好班级的管理工作。体育课特有的纪律性,在班级管理中发挥着无可替代的作用,也最受班主任重视和认可。所以在日常的体育教学中,班主任可以起到帮助体育教师抓好体育课课堂纪律,保质保量地上好体育课的作用,充分发挥体育对学生的纪律性、团队精神和集体荣誉感的育人作用。体育教师只有在平时的工作中认真教学,对自己所带的班级有责任感,才可能在今后的工作中得到班主任的理解和支持。

在教学中,班主任还可以帮助体育教师处理一些比较棘手的问题。学校的各个班级都有自己的班规和班风,在体育教学中出现的问题或是学生在教学中良好的表现,都需要体育教师和班主任进行交流,以获得班主任的配合。

各项体育活动得到班主任积极的配合,会对体育教师和学生的心理产生积极的心理作用,班主任和体育教师在教学中表现出的团结合作精神则能营造宽松的工作氛围和良好的人际关系,有利于各项体育活动的开展。班主任能帮助体育教师一起制定班级的体育训练计划,承担学生参加体育活动的训练工作,利用体育课对学生进行强化练习,最大限度的配合体育教师的工作。

(三)校长

学校是体育课程改革实施的基地,体育课程改革能否顺利地走进课堂,并取得良好的效果与校长密切相关,校长对体育课程改革的重视、理解和认同,是决定改革成败的重要环节。

体育课程改革的实施不是简单地更换一套体育教材或改变一些传统的体育教育工作方式及做法,而是从学校内部组织结构到体育教育思想观念都要进行调整与革新,但其无法自发形成,需要在学校校长有意识地引导下,建立相关管理制度,展现出一种崭新的学校体育文化,也就是在校长的引领下,形成一种开放、合作、交流、民主的体育文化氛围。体育课程改革固然要落实到每一位体育教师的具体工作之中,也要落实到每一位学生的积极体育参与之上,对体育课程改革成功与否的评价也要以体育课堂教学为着眼点,校长的重要职责和任务就是要为体育教师的教和学生的学服务,所以校长必须关注体育课堂的教学,也必须参与体育课堂教学的研究与指导,只有这样,才能了解体育教学改革实施的状况和体育教师存在的各种问题,才能够采取相应的、有针对性的措施促进体育教师的专业化成长。在校长、体育教师、体育课程改革专家、学生以及家长和社区人员等共同组成的体育课程改革人力资源群体中,毋庸置疑,校长是体育课程改革的组织者和协调者,具有举足轻重的作用。

六、信息资源的开发与利用

现代信息技术越来越多地进入教育领域、进入课堂,并深刻影响着教育事业的发展。《基础教育课程改革纲要（试行）》指出："大力推进信息技术在教学过程中的普遍应用，促进信息技术与学科课程的整合，逐步实现教学内容的呈现方式、学生的学习方式、教师的教学方式和师生互动方式的变革，充分发挥信息技术的优势，为学生的学习和发展提供丰富多彩的教育环境和有力的学习工具。"随着课程改革的不断深化，各学科都不同程度地引进了多媒体及网络辅助教学手段，利用现代化的教学手段优化教学过程，将多媒体课件运用在课堂教学中，既提高了课堂教学质量，也促进了教学改革的进程。信息技术与学科教学（或课程）的整合成为教学改革发展的方向，也是课程资源开发与利用的一个发展方向。一方面开发与利用信息资源为各级各类体育教学提供准确、规范、多样的多媒体教学资源，在教学过程中，把教师自己很难示范清楚的技术环节，用课件中的动画或影像表现出来或把空中动作停下来示范给学生看，以鲜明的图像、生动的画面、灵活多变的动画及音乐效果，甚至采取摄像回放的方法来优化教学过程，显得尤为必要。

另一方面，体育信息资源为体育科研人员提供学科导航信息、体育专业信息数据库信息、图书情报和文献信息；为社会提供健身指导、康复医疗保健、体质测量评价、体育产业、体育娱乐旅游等方面的信息咨询。

第五章　体育与健康课外拓展策略

　　课外体育是学校教育的重要内容,开展学生课外活动对深化素质教育改革,提高学生身心素质具有重要意义。课外体育也是课堂教育的补充,课内外一体化是体育教学改革的重要模式。课外有广阔的空间,有利于学生开展体育文化活动,提高各种能力。因此,加强体育与健康教育课外拓展训练,开展丰富多彩的体育健身与训练活动,是发展学校体育文化,促进精神文明建设,提高学生生活质量的重要体现。

第一节　　学生心理健康与体育锻炼

　　随着现代社会的飞速发展,生活水平的不断提高,人们追求健康的意识不断增强,人们逐渐意识到心理健康在人的整体健康中的重要性。作为促进心理健康重要手段之一的体育锻炼,也越来越受到人们的重视,有关体育锻炼与心理健康效应的研究也就成为现在乃至以后国际运动心理学和健康心理学领域中的重要研究课题。我国这方面的研究工作还刚起步,多数研究还处在对经验的总结上,实践中缺乏科学理论的指导。因此,我们对学生心理健康与体育锻炼拓展问题进行理论研究,旨在进一步明确概念,提高学生的心理健康与体育锻炼认识,发展心理健康与体育锻炼理论体系,对指导学校体育健身实践具有重要的理论价值和实际意义。

一、学生对心理健康认识的分析

心理健康是现代人们生活中的一个重要概念，是各国学者多层次、多角度研究的重要内容。同时，它也是我们对体育锻炼心理效应有更全面理解的基本点。因为，体育锻炼的心理效应所包含的不仅是对学生心理疾病的预防和治疗，而且也包含本身积极的情感体验和心理品质的影响。前者注重对学生病态心理的影响，而后者注重对正常人群心理的完善。但遗憾的是到目前为止，世界各国还没有形成对"心理健康"统一的概念。

我国对"心理健康"含义的研究相对较少，很大程度上对"心理健康"的认识是从世界卫生组织关于"健康"的定义出发的。今天，人们能够普遍接受的一种"健康"观点是："健康"包括躯体、心理和社会适应三方面的良好状态。这个观点是否很全面的概括了健康的定义呢？让我们看看原文："Health is state of complete physical，mental and social well－being and not merely the absence of disease or infirmity."我们认为应该这样理解健康：不仅单纯地指人没有疾病或虚弱，而且应该全面地包括人的生理（生物性）、心理和社会性全面发展的良好状态。

根据国内外相关研究，我们应从以下几方面帮助学生对心理健康加以理解：①心理健康包括心理状态和心理调节能力两个关系密切的部分。心理状态是指个体在某一时刻或某段时间里自我感觉心理状态的好坏（尤其指情绪的好坏），心理调节能力是指个体把自己的心理状态调节到适当水平的能力。②心理健康的标准是相对的，人的心理健康是一个连续的过程，极端的健康是精神完美状态，极端的障碍是精神病状态，而绝大多数人是属于两极之间的状态。③人们确定心理健康标准时常常具有完善性，是指一种理想境界。但实际上，心理健康标准只是反映了社会对个体良好地适应社会生活所应有的心理状态的一般要求，而不是最高境界。④心理健康的标准很复杂。对于不同国家、不同地区，不同人群，不同时期，不同文化背景和风俗习惯，心理健康可能以不同的方式表现出来。⑤心理健康具有发展性、变化性特点。人只有通过各种方式不断完善自己,在不懈努力中感受快乐和满足,才能获得真正的心理健康。⑥心理健康是一个整体状态。个体心理的不健康只是其中某一个或几个方面不健康,并不是心理的每一个方面都不健康。另外,我们在把握心理健康含义的同时,还应该注意到:首先,心理健康有广义和狭义之分。广义的心理健康是指一种完善而满意的、持续的心理状态,狭义的心理健康指人的基本心理活动过程的内容完整、协调一致,即认知、情感、意志、行为、人格的完整和协调。其次,心理健康状态是有等级的,可以分为心理不健康、常态健康、很健康。

二、学生体育锻炼对心理疾病的治疗与预防效应

随着现代社会的飞速发展,学生的心理疾病问题越来越多,并且心理问题不容易让人理解和发现,又难以用药物来治疗。而体育锻炼是治疗与预防心理疾病的有效手段。

(一)体育锻炼对应激的作用

应激是机体对作用于自身要求的一种非特异性应答,它是机体保证生存最重要、最复杂的反应,涉及神经分泌系统和许多其他器官。近年来大量研究证实,应激是影响人们心理健康和身体免疫功能的重要因素。现代社会竞争的加剧,生活节奏的加快,使人们产生了时间的紧迫感与巨大的压力感;东西方文化的碰撞,多种价值观念的冲突,失业危机与就业竞争的冲击,观念更新与价值多元化冲击,利益调整中厚与薄的冲击,人际交往中诚信与失信的冲击,等等,使现代人常处于应激状态下。主要表现为:易激怒、急躁、好争执及愤世嫉恨、激动、恼火、紧张,等等。越来越作为人们生活一部分的体育锻炼无疑会对现代人们的这些应激状态起良好的抑制作用。体育锻炼在现代人们生活中不仅仅是起到健身作用,当紧张、压抑、烦躁、好争执时,体育场地是有效的平衡场所,体育锻炼是有效的宣泄途径。美国心理学家(Bonita Long,1983)比较了步行—慢跑组、应激免疫训练组和一个控制组的应激减少效应。实验方法是让步行—慢跑组和应激免疫组每周参加一次90分钟的有监控的训练课程;他

们还在每周两次独立地练习自己的特殊技能。如此持续 10 周,结果发现,两个实验组都表现为紧张、状态焦虑和特质焦虑均明显下降。而且该效果在实验结束后的 3 个月内也保持较好。最后实验提出:体育锻炼可能是一个对付慢性应激的方法。因此,加强学生体育锻炼,对治病与预防学生的应激状态有积极作用。

(二)体育锻炼对焦虑的作用

焦虑是个体对不确定因素所产生的烦躁不安甚至恐惧的心理状态。随着我国市场经济建设的发展,社会不确定因素不断增加,传统的价值体系受到现代思潮的冲击,新的价值体系尚未建立,价值取向趋于多元化,各种事物失去一个权威性的价值体系作为评判标准。人们在追求更多物质利益的同时,社会变动给他们造成的危机感和不安全感愈加强烈,而他们对社会的发展前景又不能很清楚地把握,因此,对应着的种种心理焦虑也就不断显现。如:不时感到一种莫名其妙的烦躁不安、恐慌等。目前,借助焦虑量表(SAS),可把焦虑分为四级(类):第一级,镇定状态;第二级,轻度焦虑;第三级,中度焦虑;第四级,重度焦虑。20 世纪 60 年代,根据巴甫洛夫的经典性条件反射和斯金纳的操作性条件反射原理发展起来的行为疗法,就常用放松练习和自我系统脱敏两种程序来缓解和治疗人们的焦虑。人们通过循序交替收缩或放松自己的骨骼肌群,从脚趾肌肉、大腿肌肉、臀部肌肉、腹部肌肉、胸部肌肉、背部肌肉、肩部肌肉、颈部肌肉、到头部肌肉。每一次放松一个骨骼肌肉群并保持 20～50 秒,同时仔细体验个人肌肉的松紧程度,就可以达到缓解个体紧张和焦虑的状态。我国也有资料表明:以有氧代谢率标准的中距离和长距离中慢速跑、变速跑,能够松弛紧张的情绪,消除过度的精神紧张和疏导被压抑的精神负担;集体性项目,如各种球类活动,可以通过培养学生良好的协作精神和团队意识来抑制焦虑。

(三)体育锻炼对抑郁的作用

抑郁是所有心理疾病中最常见的一种,属更深沉的复合性负情绪。它可能是伴随着人生价值的失落感而产生的悲伤、恐惧、羞愧,甚至负罪感。其持续时间越长,给人带来的痛苦越大。其主要表现为:悲观、低自尊、绝望。据统计,25%的抑郁症是由于各种精神压力造成的。克服压力是一种人类面对危险时所产生的天然反应,是一种直接由远古的祖先遗传给现代人的能力。压力曾一度被视为促使人类生存的重要因素,人类天生便有处理压力的本能。但是,科学研究表明,如果压力不断出现,就会对人的生理和心理造成不同程度的影响甚至破坏。它是一种对人类影响最为广泛的心理疾病,同时也是各国学者研究的主要对象。研究人员发现,年轻男子经过中等或大强度的运动锻炼,如半小时以上的游泳运动等,能够主动和有效地应付压力,使患者在忧虑测试中的得分下降25%,并对患者大脑活动产生有利改变;同时发现患者抑郁症的减轻与躯体的康复过程相一致。从而他们得出结论,体育锻炼是一种应对抑郁症的有效的安全的手段。另外,也有研究报道,在8周的身体锻炼后,患者的抑郁状况得到了明显的改善,并发现身体锻炼比放松练习和其他的愉快活动更能有效地降低抑郁,身体锻炼的持续时间和频率与抑郁的降低程度有紧密的关系;有氧和无氧练习都可以降低抑郁。因此,学校应拓展课外体育锻炼活动,治病与预防学生的心理疾病,保障学生健康发展。

三、体育锻炼拓展学生心理品质的效应

体育锻炼不仅可以治疗和预防锻炼者心理疾病,还能有效地对锻炼者心理品质产生影响,这一点是毫无疑问的。但是,到底可以产生哪些良好影响呢? 这一直是国内外诸多研究者进行多角度、多层次研究的主要内容。

(一)体育锻炼对认知能力的影响

国外有心理学家认为,智力是学习能力,是把持知识推理和应付新环境的能力。我国许多心理学家认为,智力是指认识方面的各种能力,即观察力、记忆力、思维能力、想象能力的综合,其核心是抽象思维能力。有研究发现,体育锻炼对人的感知能力、记忆能力、想象能力、思维能力等方面的发展都具有重要的作用。美国加利福尼亚大学琴森教授经过多年的研

究指出,测定人脑细胞的反应速度,可以看出他的思考速度和智商的高低,而经常从事体育锻炼是促进脑细胞反应速度提高的重要方法之一。诺贝尔医学生理学奖获得者斯佩里博士研究指出,人的许多高级思维功能取决于人脑的右半球,经常进行体育锻炼有利于挖掘大脑右半球的潜力,发展人的智力。

(二)体育锻炼对意志品质的影响

体育锻炼有助于培养顽强的意志品质。从事体育锻炼既要克服客观困难,又要战胜主观困难,良好的意志品质是在克服困难中形成和表现出来的。坚持不懈的体育锻炼本身就是一种意志行为,在锻炼过程中不断挖掘自己的潜能,在提高自己运动能力的同时,也不断发展自己的意志能力。如果一定要达到一项锻炼标准,就必须意志坚强,刻苦锻炼。在通过努力达到锻炼标准时,就会为自己的成功而高兴。同时也会感知到自己战胜困难的能力,产生自我成就的认识和情感体验,产生愉快、振奋和幸福感。适宜的体育锻炼能使人们获得心理满足,产生积极的情绪体验,以增强自信心,消除心理障碍。体育锻炼是培养人的意志品质的有效手段。体育锻炼对人的意志品质的磨炼在于它总是与克服困难联系在一起的,总是与身体和心理疲劳联系在一起的。体育活动不仅需要克服肌肉酸痛,培养坚持到底的顽强毅力,而且在活动中还需要能理智地分析客观情况,辨明方向和弄清利弊,当机立断。能抵御外部环境的各种困扰,克服并抑制消极情绪和冲动,而不被一时的困难所压倒,也不被一时的成功所陶醉,始终把握住既定的目标方向,是体育活动对人的意志品质的要求。因此,长期的体育活动有助于培养人不畏艰苦,不怕困难。果断机智,勇敢顽强的意志品质,促进良好个性的形成。

(三)体育锻炼对人格的影响

人格是指一个人的整个精神面貌,具有一定倾向性的心理特征的总和。心理学的研究表明,人格的形成及其发展与人的活动密不可分。在体育锻炼的过程中,锻炼者自己是活动的主体,这样有利于思维活动和机体活动的紧密结合,从而促进人格的显示和发展。人们参加体育锻炼,既可以施展自己的才能,又能达到实现自我的心理满足,这种心态可以增强人们的自尊心、自信心和自豪感,提升自我概念。有关研究表明,经常参加体育活动者更容易与他人形成亲密的关系,人际关系更和谐,更有助于产生亲近感,消除孤独、恐惧的心理等。对于那些性情孤僻、优柔寡断、不愿与人交往、待人接物淡漠的人来说,不仅能使他们认识到自己的价值,树立起自信心,如果把这些观念迁移到更广泛的社会生活中,则能有效地促进人的社会化进程,使人的个性日趋完善。

(四)体育锻炼过程中的情感体验

体育锻炼的心理效应不仅只局限于对现代人们心理疾病的预防和治疗,而且在很大程度上它所具有的积极的情感体验也是其心理效应的重要内容。运动中的流畅感是人类一种理想的内部体验状态。在这种状态中,全身心投入活动当中,对过程的体验本身就是乐趣和享受,并产生对运动过程的控制感。因此,可以认为流畅感本身是一种积极的情绪状态。它来源于人们的生理需要或心理需要的满足。当锻炼者通过实践锻炼活动,实现了预期的目标,显示出自己的主体性力量的时候,就会产生一种精神上的情感体验,即达到了主(人)、客体(运动)关系的协调、一致。锻炼是一个动态的过程,锻炼过程中的人和运动之间的实践、认识、价值、审美关系相互制约、相互交织在一起,共同推动着人类自身生理和心理的完善。一项研究表明,体育运动是人们流畅感的主要来源,它是体育锻炼的心理健康效应达到最大值的一个重要因素。在体育锻炼过程中流畅无处不在。人们在享受流畅情感体验的同时,也不断地升华了自身对运动美感的建立。温克尔(L. M. Wankel)在他的有关愉快感、流畅感和锻炼坚持性关系的研究中认为,锻炼的愉快感、流畅感,将使身体锻炼产生更显著的积极效应,首先可能使参加者更容易坚持锻炼,从而使更多的参加者得到健康;其次,流畅感本身具有直接的健康效应,使参加者获得积极的心理健康状态和建立良好的体育运动美感。

总之,体育锻炼能够拓展参与者的心理健康效应,不仅表现在对锻炼者的心理疾病的治疗与预防,如对应激、焦虑、抑郁等良好影响,而且对锻炼者心理品质的培养有积极作用,如对认知能力、意志品质、情感体验、人格等良好培养。因此,我们应该加强拓展学校课外体育锻炼活动,治疗与预防学生心理疾病,促进学生身心健康发展。

第二节 学校有氧健身与分类指导

有氧健身运动是指人们在运动中氧供给较充分,不负氧债的条件下,提高人体有氧代谢能力的体育健身活动。实践证明,有氧健身运动不仅可以提高人体的运动水平,更重要的是可以提高机体的健康水平及抗疾病的能力,促进机体的新陈代谢,减少多余脂肪的积累,从而达到健身强体、延年益寿的目的。因而,有氧健身成为世界人们热爱的健身运动方式,也是我国全民健身运动倡导的主要方法。然而,由于我国学校对有氧健身运动的认识还不够深入,导致实践应用中出现种种不良的现象,影响着学校全民健身运动的开展。因此,我们对有氧健身运动的分类指导进行研究,探讨不同体育项目的有氧健身特点,不同人群、不同性别、不同健康状况等人群的有氧健身运动的分类指导问题;其目的是提高参与有氧健身运动的效果,推进学校全民健身运动的健康发展,为不同人群参与有氧健身运动以及组织指导者提供有益的理论指导。

一、不同体育项目的有氧健身运动的特点和作用

体育项目是人们从事健身运动的内容和手段,不同的体育项目以有氧运动的方式练习时,具有明显不同特点。根据项群理论,从人们参与体育健身运动的目的来分析,我们把体育健身内容和手段的主要有氧运动形式、特点和作用做一概括。走:常用的健身手段,是适用于所有人参与的有氧运动形式,练习方法灵活多样,主要特点是下肢运动,调控练习时间来掌握运动量,具有较好的舒心活血、愉悦心情的作用。跑步:堪称世界健身方法之王,适用于健康人,尤其是青少年儿童、中年人最好的有氧健身方法,主要特点是下肢运动,容易调控运动量,尤其是控制好有氧阈

强度,对提高呼吸、心血管系统机能有重要作用。跳跃运动:也是常用的有氧健身手段,练习形式多样,主要特点是下肢运动,上肢配合达到全身活动的目的,练习中要调控好重复次数,使之起到内脏器官的良好按摩作用。球类:是青少年儿童和中年人喜爱的运动,练习的主要特点是动作技巧性要求较高,身体活动不易于控制运动量,进行有氧锻炼时应控制好强度和时间,对呼吸、心血管系统等都有较好的健身作用。徒手体操:包括广播操、自编操等,其运动特点是使身体活动的局部得到运动,运动量较小,因而要加大练习的力度,延长练习的时间,安排全身不同部位的体操,使全身各关节部位都得到锻炼,血脉通畅。器械体操:包括竞技体操、哑铃操、棍棒操等,主要是以上肢运动为主,有氧练习时应调控好力量的大小和持续时间,使之锻炼肌肉和内脏器官。健美操:是现代流行的健身方法,运动形式有徒手练习、轻器械练习等,能够使全身运动,有氧练习中应调控好时间,掌握运动量的大小,使之获得心血管的良好锻炼。体育舞蹈:包括交际舞、国标舞、艺术舞等,能够使全身运动,有氧练习中应调控好练习时间,使人体的协调性和内脏机能得到提高。武术:包括长拳、散手、器械练习等,它是全身运动项目,有氧练习中应调控好姿势,控制运动量,使心血管、呼吸机能得到锻炼。太极拳:是中老人喜欢的运动,目前在国外有较好的发展,包括各式太极拳、自编太极拳等,具有良好的动静、神形、内外结合的特点,使全身得到运动,有氧练习中要调整时间和姿势,控制运动量,使人体内脏和经络得到锻炼。健身气功:也是中老年人喜欢的运动,包括各种健身气功、自编健身功等,具有良好的动静运动、导引行气的特点,有氧练习中应调控好时间,放松自然,使人体内脏、经络得到锻炼。

总之,不同运动项目的练习形式、健身特点和作用有所不同,关键是掌握好有氧健身运动的要求,控制运动量的大小,使之处于氧供给较充分,人体不负氧债下进行练习。按人体生理学原理来说,一般用控制心率的方法来掌握运动量的大小,比较简单实用,即180－自己的年龄＝锻炼心率的运动强度,具有良好的有氧健身运动的作用。

二、不同年龄人群有氧健身运动的分类指导

学校系统包括学前教育、初等教育、中等教育、高等教育等学段,学校系统的人群包括各段学生、教职员工。不同年龄阶段的人群进行有氧健身运动具有明显的特点。这就要研究不同年龄人群的特点,进行科学的有针对性的有氧健身运动的指导工作。根据生理学和教育学以及社会学理论,我国一般把人生的全过程按年龄特征划分为婴幼儿(0～6岁)、儿童(7～12岁)、少年(13～17岁)、青壮年(18～35岁)、中年(36～60岁)、老年(61岁以上)等年龄阶段。这一划分比较符合我国的国情。显然,不同年龄阶段人群有着不同的身心特点,不同的生活目标,不同的社会活动场所,在开展有氧健身活动中就要有所区别,进行分类指导。对婴幼儿的有氧健身活动,应以生活技能模仿、游戏、身体姿势等徒手练习为主,短时间(1～5分钟),少量重复性练习,运动量心率控制在120次/分钟左右;重点提高家庭成员和保育园教师的有氧健身运动的认识。对儿童的有氧健身活动,应以体育游戏、趣味性文体活动、基本体操、生活技能练习为主,运动量以心率控制在125次/分钟左右,练习时间控制在3～8分钟为好,中间要适当休息;重点提高小学体育教师和家庭成员的有氧健身运动的认识。对少年有氧健身运动的指导,应抓好中学的体育教育工作,同时发展家庭和社区体育,提高他们的有氧健身运动的认识;有氧健身内容和方法可多样化,以球类和跑步练习为主,练习时间控制在5～10分钟/次,每周3～5次,运动量以控制在125～140次/分钟为好,进一步培养他们的有氧健身意识和成功体验。对青壮年有氧健身运动的指导,应重点发展大学和社区的有氧健身运动,加大有氧健身运动的宣传,提高有氧健身运动的认识;开展丰富多彩的体育活动内容,但运动时间控制在20～30分钟/次,每周3～5次,运动量应控制在心率130～150次/分钟为好;同时强化他们的终生有氧健身运动意识,养成健身习惯。对中年人有氧健身运动的指导,应重点发展工作单位和社区的有氧健身运动,锻炼内容和方法可以多样化,并结合工作性质进行;但锻炼时间控制在10～30分钟/

次,每周 2～3 次,运动量以心率 130～150 次/分钟为好,同时强化他们的健身保健调理意识和有氧健身控制能力。对老年人有氧健身运动的指导,应增强家庭有氧健身运动的意识,发展社区有氧健身活动,开展动作简单、缓和的体育活动,如:散步、跑走结合练习、太极拳、健身功等,活动时间 5～10 分钟/次,每周 5～10 次,运动量控制在心率 120～130 次/分钟为好,同时提高他们健康保健意识和积极生活方式的认识。

三、不同性别人群有氧健身运动的分类指导

不同性别人群的生理和心理有着不同特点,承担家庭教育和社会责任也有差异,爱好和乐趣也有不同,在参与有氧健身运动中就得进行分类指导,区别对待。

男人从身体形态上看比较高大和宽实,身体机能比女子较高,运动素质比女子较强。从心理和社会性特点来看,男人一般有开朗活泼的性格,具有较强的竞争意识和进取动机,有较强的适应环境、面对挫折的能力。中国历来有"男子主外,女子主内"的传统社会心理,男人也承担着巨大的社会压力和家庭责任,往往忽视体育健身与保健活动。因此,男子参与有氧健身运动的作用更为重要,通过有氧运动改善男人的身体机能,消除疲劳,增强体质,达到健身和保健的目的。在指导男人有氧健身活动中,应从不断强化体育健身保健意识,消除成年男子认识上的"误区"入手,从增强男人的有氧工作能力着眼,有氧健身内容和手段应以长跑、球类活动为主,同时注重全面锻炼,整体调理,既要注意适当的有氧健身活动,也要加强身体的营养卫生维护,建立合理的生活和作息制度,消除不良的生活习惯;有氧健身方法应以每次 10～30 分钟/次,每周 3～5 次,运动量控制在心率 130～150 次/分钟为好;有氧健身组织形式要充分利用发展社区和工作单位体育活动的促进作用。

女子的身心特点不同于男子,其身体形态比男子显弱小,身体机能也比男子低,运动素质比男子也较差,女子在心理上显内向型,求美心愿有过于男子,社会性特征"主内",多数不争强好胜,生活压力较男子小,女子

容易受健身环境、氛围的影响。因此,对女子的有氧健身运动的指导,应从增强有氧健身意识,增强身体机能着眼,从发展社区体育和家庭体育入手;有氧健身内容和手段以健美操、体育舞蹈、轻松运动、减肥跑步为主;有氧健身方法以缓和、低强度运动为主,每次 20~30 分钟,每周 3~4 次,运动量控制心率在 120~140 次/分钟。尤其对女子在妊娠期、哺乳期、更年期的有氧健身锻炼要科学合理地引导,以短时间,多次数,小负荷的轻缓运动为主。

四、不同健康状况人群有氧健身运动的分类指导

各种人群的健康情况是不同的,有的人可能体力好一些,另外一些人可能体质差一些,也有的人患有疾病,因而,在有氧健身活动中应该区别对待,分类指导。我们按世界卫生组织对人体健康的定义,将人体健康状况分为身体健康和社会心理健康两类来分析。从身体是否健康方面可分为正常人群、疾病人群、残疾人群三种。对正常人群的有氧运动的指导,重在提高身体有氧耐力机能,增强体质;对疾病人群的有氧运动指导应合理诊断不同病人的病情,采取针对性的有氧运动处方,进行康复性有氧活动为主;对残疾人群,要根据他们的特点,有针对性地采取有氧的身体功能锻炼,提高他们的适应能力和抗病能力。从社会和心理健康方面可划分为适应型、焦虑型、激进型三种人群。适应型人群的心理相对平衡稳定,适应社会能力强,也较易接受体育影响,参加有氧健身活动;焦虑型人群心理倾向抑制,胆小怕事,对体育活动兴趣不高,重点采取帮带和说教方法,引导他们参与有氧健身活动;激进型人群的心理倾向活泼和兴奋,易激动,争强好胜,对有氧健身活动易参与,但不能坚持下去,指导方面应采取耐心启发教育方法。

不同运动项目具有不同的有氧健身特点和作用:走(含散步等多种走法),运动量小,主要锻炼下肢的健身项目,提高有氧健身效果应加快步伐和延长时间;跑(主要是中下强度长跑),具有健身之王的美誉,能自我调节,锻炼全身,有氧健身跑是提高呼吸和心血管机能的最好方法;球类(含

各种球类活动),是锻炼全身的好方法,但不易控制运动量,有氧运动时要注意练习时间和控制强度;体操、健美操、体育舞蹈等项目,具有肢体活动和全身性的特点,运动强度不大,有氧健身时应控制练习时间和速度;武术、太极拳、健身气功等具有良好的神形兼备、动静结合、内外统一的特点,运动量也易控制,在有氧健身时应掌握好练习时间和速度。

　　不同人群有氧健身运动的特点和要求有所不同:首先是年龄不同,身心特点和社会活动与责任不同,在进行有氧健身活动中就得区别对待。婴幼儿应以短时的徒手模仿和爬行练习为主;儿童应以基本生活技能、游戏等内容,小负荷持续时间不长的练习为主;青少年应以多样性健身手段,采用中小负荷,持续时间5～10分钟的练习为主;青壮年应以长跑、球类等多样性健身手段,采用中等负荷,持续时间相对较长的练习为主;中年人应结合生活和工作的实际,采用实效性锻炼内容,练习时间可长些,心率控制在125～140次/分钟进行练习;老年人应以轻缓的健身手段,持续时间不长,练习次数可多一些的健身方法。其次,是不同性别人群的身体和心理特点及社会责任有所不同,有氧健身活动应区别对待。男人应以跑步、球类等多样性锻炼手段,采用中等负荷进行练习为主;女人应以体育舞蹈、健美操等手段,采用控制时间和速度的方法来调整练习负荷,进行有氧锻炼。再次,是健康状况不同,身心特点也不相同,有氧健身运动的控制方法也有所不同。正常人群应以多样性健身手段,中等负荷练习为主;疾病患者应采用针对性练习,控制小负荷锻炼为主;残疾人群应以身体功能锻炼为主等。对心理健康人群采用正常人的有氧健身方法;对心理不健康人群应有针对性地采用激发心理情趣的练习为主。总之,在有氧健身运动中,应根据不同的健身内容和对象特点,采取有针对性的有氧健身方法,进行科学的分类指导,才能取得满意的有氧健身效果。

第三节　学校阳光体育与课外休闲

　　近年来青少年身体素质下降,肥胖、营养不良等现象的大量出现,所以教育部、国家体育总局、共青团中央发起的全国亿万青少年阳光体育运动,吸引广大青少年学生走向操场、走进大自然、走到阳光下,积极参加体育锻炼,掀起学校群众性体育锻炼热潮。阳光体育也就成为学校体育发展的新理念、新思路、新模式。同时,随着社会政治经济的进步,物质和精神文化的发展,社会生活逐渐进入休闲时代,学校休闲运动也就成为学生们喜爱的活动内容。因此,开展学校阳光体育与休闲运动研究,积极发展学校休闲运动,对促进学校素质教育发展,提高学生身心健康水平,有着重要理论价值和实际意义。

一、现代社会生活逐渐进入休闲时代

社会经济的不断发展,为我们进入"准休闲时代"创造了条件。我国著名学者、休闲文化理论的奠基人于光远先生指出:"'闲'是生产力发展的根本目的之一,闲暇时间的长短与人类的文明进步是并行发展的……"随着中国社会进入到总体小康社会,物质的丰富、社会的进步使人们的生活发生了巨大的变化。人们已经从生产—休息—生产的生活定势,逐渐转向生产—休闲—娱乐的新理念、新追求。

从近些年我国城乡居民的收入以及城乡居民家庭恩格尔系数的变化情况也可以看出,我国居民的生活水平也在持续不断提高。"衣食足而后知荣辱",中国社会从温饱走向小康,人民过上了丰衣足食的相对富裕的生活,这无疑为人们的休闲娱乐提供了必要的物质基础。随着我国居民闲暇时间的增多和生活水平的不断提高,提高生活质量、享受生活、充分体验人生的观念越来越受推崇,这无疑也标志着我国社会已进入"准休闲时代"。也对学校休闲体育的发展创造了条件。

二、体育休闲是阳光健康的生活方式

现代社会生活方式在给人们带来富裕快乐的同时,也带来健康问题。休闲体育更能彰显体育为人的全面发展的本质,是一种健康的生活方式。人们参与休闲体育活动,达到体魄健壮、心理愉悦和身心健康发展,并有助于实现社会和谐。在人类社会漫长的进化过程中,体育经历了从原始体育、古代体育、近代体育到现代体育的发展历程。无论是何种阶段的体育,休闲与体育一直保持着紧密的联系。体育是人类在生产生活中产生出的多以全身的自然活动为主的一种特殊社会文化活动,它具有游戏、娱乐、健身、冒险等多种特点与功能。体育这种对人身心具有积极影响的活动,无论是过去、现在,还是将来,都对人们休闲生活有着重要的意义。对于余暇来说,体育这一身体娱乐,可以作为最本义的活动来予以推荐。这样,体育运动是以娱乐的形式为最理想的活动方式。于光远先生早在1983年就曾指出,我国对体育竞赛是很重视的,但对体育之外的竞赛和游戏研究得很不够。他认为,"玩是人生的根本需要之一,要玩得有文化,要有玩的文化,要研究玩的学术,要掌握玩的技术,要发展玩的艺术"。体育是在休闲中孕育而发展的,没有休闲也就没有今天丰富多彩的"体育世界"。更进一步讲,休闲是体育发展的肥沃的土壤,是体育赖以发展的前提。

　　体育休闲,中心词是休闲,是休闲的重要组成部分。体育休闲的本质是通过体育文化途径消除体力的疲劳,获得精神的慰藉,借以区别琴、棋、书、画、诗、词、歌、赋等的文艺休闲。体育休闲是人们为不断满足自身的体育需求而处于的体育创造、体育文化欣赏、体育文化构建的一种行为方式。体育与休闲结合,起到增进身心健康,调节情感的作用。尤其是一些休闲户外运动,强调利用森林、山地、湖泊、海滩、沙漠、冰雪等自然资源进行体育活动,具有独特的休闲性。体育与休闲的结合,是体育的一种发展趋势,更是一种健康文明的生活方式。体育休闲在现代人类生活中起着至关重要、无可替代的作用,是人的一种现实需要。它能调节并改善现代文明发展给人类带来的饮食、营养、工作、休息、娱乐、交往、社会化、身心发展等方面的不良影响,为形成人类的健康生活乃至培养具有适应不断变化的自然环境和社会环境能力的人类自身作出贡献。体育休闲在于追求人的全面、自由、和谐、平衡发展以及自我价值的实现,这是体育的本质和终极目标。只有当人通过自己的意志去设计、掌握或运用某种手段和方法来使自我身心获得同步发展,当人们去参与一种旨在使自我生理水平和心理水平提高,并同时满足人的归属本能、自尊本能乃至最高级的自我实现本能需要时,我们便说:他参与了体育。他占有并实现了体育的意义和价值。从这个意义上说,体育休闲是在人类满足生存需要之后的一种更高级的享受和发展需要。

三、体育休闲是畅快和谐的心理拓展

休闲体育是体育的重要组成部分,是休闲的重要内容,它以体育活动为基本手段,强调个体的直接参与性、活动的娱乐性和非功利性。休闲体育的意义在于休闲的体验,即人们怀着轻松愉快的心情,自愿参加各种身体活动。他们既不受制于体育教学的种种严格规定,也不追求高水平的运动成绩,甚至也不刻意把体育的"强身祛病"放在首位,而是在体验运动乐趣的过程中,使个人的精神和身体得到放松和发展,寻求身心放松、获得"畅"的心理体验。

休闲体育是追求和谐的社会文化活动,休闲形式多样,内容广泛,丰富多彩,从衣食住行、琴棋书画到诗词歌赋、游山玩水等,不一而足。古人云:"闲能游名胜,闲能交益友,闲能饮酒。天下之乐,孰大于是?"应当注意的是,休闲活动不是打发空闲时间的"消遣"活动,更不是无事找乐的"娱乐"活动。从人类学、历史学和社会学角度来看,休闲属于一定文化范畴,具有丰富的文化意义。而且,它被文化的东西赋予了形式和内容,从而体现出了文化生命力。在休闲体育活动中,休闲者不仅使身体处在积极的活动状态,体验到生命的快乐、放松、舒适、愉悦,而且休闲者还可以满足社会交往和自我表达的高级需要,领悟到自己与自然、社会的融洽感、认同感以及审美感等。充分地享受、珍惜休闲生活是人的一种生活方式,生活态度。人们在休闲体育活动中,通过参与者共有的行为、思想、感情,创造文化氛围,构筑文化意境,从而达到个体身心和意志的全面、完整地发展。在当今社会,休闲体育正以一种"文化生活方式""文明健康的生活方式"迅速走进人类的生活当中。

人们在社会交往之中形成了各种各样的人际关系,可以说良好的人际关系是一个社会和谐的主要标志之一。在现代社会中,人与人之间的关系并没有如人们所想象的那样能够随着社会的进步而获得相应的发展。市场经济的建立增强了人们之间交往的功利意识;钢筋水泥构筑的高楼大厦大大减少了人们之间的交往与交流;信息技术的发展改变了人们之间的交往方式,使人们之间的交往没有了空间障碍,却引起了人与人之间的信任危机和情感的淡漠,人际关系出现了异化。面对如此窘境,休闲体育为人际关系的和谐和健康发展提供了一块肥沃的土壤:它能够使人们从残酷的社会竞争中解脱出来,投身到大自然的怀抱之中,去尽情体会那种与世无争、悠然自得的情怀,从而淡化人们之间交往的功利意识;它能够使人们从虚拟的网络世界中回到现实的社会生活之中;它能够为人们之间进行直接的、面对面的交往与交流提供一个广阔的平台。所以说,休闲体育对促进人际关系的和谐发展中起到一种非常重要且积极有效的作用。休闲体育不仅是休闲娱乐健身的有力载体和重要手段,也是消除孤独寂寞、拓展人际交流、增进情感融合的润滑剂。休闲体育是一种情感的宣泄,是一种真实的表现,更是一种本性的还原。在休闲体育活动中,不仅仅使人的体质得以增强,最重要的是获得一种积极的心理体验。因此,在我国构建社会主义和谐社会的新时代,旨在促进人的身心健康和自由和谐发展的休闲体育,其生长空间一定会得到进一步拓展,社会价值更会进一步得到彰显。

第六章　体育课外活动实施策略

第一节　课外活动及课外体育活动概述

一、课外活动

(一)课外活动中的"课"指的是课程

课外活动中的"课"指的是课程,如果是"课堂"的话,"课外活动"一词的英语就应该是 out of class activities。所以,课外活动是指以学科为中心的教学活动以外的,从教育内容的结构方式上把两者区分为课内与课外,前者以课程中的学科为单位,内容受教学计划和教学大纲规定;后者不受教学计划明确规定,或者不在教学计划之列,内容不受教学大纲限制,也不一定以学科为核心组织活动内容。所以统称为"课外活动"。课外活动不限于由学校组织,还可以由各种校外文化机构组织或学生自发进行。学校课外活动的地点一般在校内,但也有在校外的,凡是由学校组织的课外活动,不管在校内还是在校外开展,都称之为学校课外活动。

(二)课外活动的内容和形式呈丰富多彩状

从内容角度看,主要有三类:一类是经常性的、普及性的文娱、体育活动,为调节学生的学校生活和身心健康服务;第二类是部分学生参加的兴趣小组、学科小组或社团活动,这类活动主要目的是发展学生的兴趣爱好与特长,培养学生的独立活动能力。第三类是传统的节假日活动,如国庆节、儿童节、青年节、校庆日、学校文化节等庆祝活动,暑假的夏令营活动等。在组织形式上,以活动小组、社团和班级为主,校际性、全校性、年级性活动为辅,后一种活动通常由学校与全校性的学生组织,如学生会、少先队大队部、共青团委等联合举办。但是,课外活动的全局性安排由学校行政部门负责,班主任或其他任课教师承担具体执行、配合组织与管理学生等方面的工作。

(三)课外活动主要由学生自愿选择参加

部分旨在培养某方面"尖子"人才的课外活动小组的成员,通过双向选择确定,学生自愿报名在先,指导教师及有关人员对报名的学生考试挑选在后。以群众性文娱、体育活动为主的课外活动,为了保证学生的身心健康,一般规定每个学生都要参加,但具体参加哪一项活动由学生自决。

二、课外体育活动

课外体育活动是相对于体育课而言的。它是指学生利用课余时间参与的,以锻炼身体、愉悦身心为目的的体育活动。课外体育活动作为体育课的补充、学校体育的组成部分和教育的手段,已有近百年的历史,在世界上已成为一种教育制度,且在内容和形式上都有新的发展。

关于课外活动范围与性质的认识,有以下几点。

(一)从范畴而言

从范畴而言,传统的广义课外体育活动是相对于体育课课堂内的体育活动而言,包括体育课堂教学的延续和补充部分,如教师课堂上布置的课下练习、体育作业等;义的课外活动是相对于体育课程而言,不包括体育课堂教学的延续和补充部分。

(二)从内容而言

涉及以健身保健为目的的体育锻炼活动,以提高运动技术水平为目的的课余体育训练以及以检验课余体育训练成果、丰富学生课余文化生活为目的的课余体育竞赛等,内容丰富。

(三)从组织管理角度而言

从组织管理角度而言,以学校统一规划与学生自主选择相结合,并以最大限度发挥学生自组织性为基本原则;并且既可以是学校为主组织管理的,也可以是校外为主组织管理的,但主要是以学校为主组织管理的。

(四)从活动目的方面而言

从活动目的方面而言,从活动目的方面而言,以满足广大学生多种身心需要为目的,促进学生身体、心理和社会适应能力和谐发展。

三、学校课外体育活动

课外活动形式多样、内容丰富,课外活动也因其内容及形式的区别,而具有不同价值、地位及意义。课外体育活动随着社会、科学技术、经济、教育等的发展,内容、形式、方法、手段、场地环境等也更为丰富,然而,不同形式、内容的课外体育活动也功用各异;更由于体育活动的特异性,不同的组织形式、开展目的,甚至不同的活动地点、环境,其活动效果也差异较大。因而,为了研究的便利,对于学校课外体育活动概念的界定十分必要。

(一)学校课外体育活动中的"课"指的是体育课程

(1)现代学校课外活动产生的历史证明。从课外活动引入现代学校教育计划的历史来看,课外活动并不是现代学校教育本来具有的,而是学生自发开展的活动,后引起教育研究者注意并研究之后,为了弥补原来学校教育的缺陷,更好地完成学校教育任务,才把它逐渐纳入学校教育计划。从此,课外活动在学校教育中的地位、作用、价值、意义等,不断得到深刻认识及重视程度加深,逐渐确立下来其不可或缺的地位。后虽经不断加强其计划性及管理,但并未改变其本质。

(2)教育学家的观点。"课外活动"一词的英语之所以不是"out of class activities",正是因为,课外活动是指以学科为中心的教学活动以外的教育实践活动。它与教学活动相对,主要不是从活动空间上,而是从教育内容的结构方式上把两者区分为课内与课外,前者以课程中的学科为单位,内容受教学计划和教学大纲规定;后者不受教学计划明确规定,或者不在教学计划之列,内容不受教学大纲限制,也不一定以学科为核心组织活动内容。所以统称为"课外活动"。

(二)学校课外体育活动是指学校教育计划之内

尽管,课外体育活动不限于由学校组织,还可以由各种校外文化机构等组织或学生自发进行。但本书则特指由学校有意识、有目的、有计划安排的课外体育活动,其原因如下:

(1)当前中国社会及教育现实环境下,唯有在学校,有严格时间计划、具有相当强制限定性的条件下的课外体育活动,才最有教育、锻炼实效及意义。

(2)离开学校的课外体育活动,从严格定义而言,当属于"社区体育""社会体育""家庭体育"等范畴;从社会现实角度而言,既有相当不确定性,更无从谈及实效性。

(三)学校课外体育活动是面向全体学生的活动

学校课外体育活动指的是,课外时间面向全体学生的体育活动,针对少数学生的运动队训练等虽属其范畴,但绝不能替代。

(四)学校课外体育活动具有丰富的内容和多彩的形式

运动项目种类繁多、形式多样,即使许多项目校园内不具备开展条件,但也不能给予学生过多不利于学生运动的限制条件,学校应该积极创造一切条件,使学生积极、快乐、充分的运动起来。

(五)学校课外体育活动是学生自愿参加的活动

无论课外体育活动项目、参与形式等,都应是学生自愿选择的,学校不能强制性统一,更不该限定,不得影响学生的积极性。

第二节　课外体育活动实施的构建模式

一、构建课外体育活动实施模式的理论基础

(一)构建课外体育活动实施模式的理念

理念是行动的先导,有什么样的理念就会有相应的行动方式。构建

课外体育活动实施模式首先要转变行政理念。

1.树立"健康第一"的理念

"健康第一"既是精神的需要,也是深化体育课程改革的需要,更是切实提高学生体质健康水平的现实需要。

2.树立公共服务的理念

构建课外体育活动实施模式的理念是把课外体育活动作为公共体育服务体系去构建,实施过程中突破原有课外体育活动的封闭性,注重学生在学校外、假期中的体育参与,致力于构建为广大学生提供基本的公共体育服务体系,以提供公共体育服务为宗旨,为学生身心全面发展服务。

(二)构建课外体育活动实施模式的理论基础

课外体育活动离不开体育教育实践活动,它是与社会发展背景,尤其是教育背景密切相关的。

1.素质教育理论基础

所谓素质教育是根据我国现行的社会经济发展的需要,以全面提高学生的基本素质为目的的一种教育。素质教育作为一种教育观念,是为了使教育适应社会、改造社会而提出的新的教育思想,它包括基础教育、文化素养教育、心理发展水平教育和终身教育。素质教育要面向全体学生,以期提高全体国民素质;应促进学生的全面发展;要尊重学生的主体地位,让学生主动发展;要坚持因材施教的原则;要重视学生能力的培养和对未来社会的适应。在大课间体育活动中,教师和学生共同参与完成。学生是有主观能动性的个体并蕴藏着巨大潜能,在活动中能够很好发现问题、解决问题,在此过程中学习自我评价,从中学会学习、学会生存、学会创造以及如何做一个思想品德、知识技能、身心健康全面发展的人。而教师承担的职责则是指导学生如何做一个有理想、有道德、有文化等能适应社会的人。由此可见,教学生做人和学生学会做人必须同时调动两方的积极性,靠双方密切的协作和配合才能完成。

2.以人为本理论基础

众所周知,教育的目的就是要培养完全的人、不断超越的人及有创造力的人。而体育作为教育的一个重要组成部分,在人的不断发展和追求过程中是不可或缺的，尤其是在培养人的完美性格和完美人生方面起着举足轻重的作用。大课间体育活动作为体育教学的延伸，除了对学生认知发展有积极的促进作用外，对激发学生的体育兴趣、提高社会适应能力、增强心理健康有着其他课程所不能替代的作用。从人本主义教育的观点看，教育的根本目标是使学生成为独立、自主、有效的学习者。正如人本主义心理学家康布斯所言："成功的教学不是在于教师教给学生多少知识，而是在于教师能否启迪学生使知识个人化，从而获得意义。"我们的教育目标必须从传统的"知识教学"转为"方法教学"，重在使学生"学会如何学习"，着力培养学生的能力与素质。学生必须参与教学过程才能展开真正的学习。学生只有参与了教学过程，才有可能对教材做出有意义的发现，才能产生学习动机。而大课间体育活动恰恰满足了教育方面的要求。在这个活动中，学生是主体，坚持以人为本，通过自己的亲身体验，在融洽的活动氛围中自由地表现自我、认识自我，进而改变自我、实现自我。此时的大课间体育活动已不是一种按预设方案进行的活动，而是一种让学生在良好的人际关系中体验的动态过程，它通过学生自己发现问题和解决问题来达到对经验意义的理解，从而有效影响其行为。

二、值得大力推广的大课间体育活动

大课间体育活动改变了过去一成不变、单调枯燥的课间操形式，在时间上，由原来的 15 分钟延长到 25～30 分钟；在功能上，由调节心智功能拓展为健身和育人功能；在内容上，加入了学校的自编操、武术操及各种小型多样的体育活动与体育游戏；在参与形式上，由原来的"教者发令，学者强应"改变为全体师生共同参与。大课间体育活动具有较强的综合效益，既有利于发展学生的体能素质，又有利于学生运动兴趣的激发和运动技能的提高，有利于促进学生终身体育习惯的养成，还有利于学生良好心理品质及社会交往能力的培养。不仅如此，在师生共同参与的形式下，不仅有助于师生之间的沟通与交往，有助于新型师生关系的建立，而且有助于提高教师的健康水平，从而提高教师的工作和生活质量。

自教育部 1999 年推广大课间体育活动以来，大课间体育活动的积极作用日渐得到了认同,广大城乡学校开展了积极的尝试,积累了许多有益的经验。例如,在活动内容上,要以校本活动为主,形成各校自身的特色,把民间和民族传统的体育项目纳入大课间体育活动的内容中,如武术操、秧歌操、健身操、竹竿舞、滚铁环、打陀螺、玲珑球、跳龙舞、街舞、滑旱冰等纳入大课间体育活动中;在运动负荷上,应以适宜的温和型的中小负荷为主,这既有利于提高学生体能水平,又不影响学生下一节文化课的学习,大力推广大课间体育活动。

三、课外体育活动的实施模式分析

模式是把解决某类问题的方法总结归纳到理论高度,形成方法体系。本书研究在对过去我国课外体育活动实施模式优缺点总结的基础上,构建起一种比较符合当前学生和社会发展的课外体育活动实施模式,并把这种模式进行了一定时期的实践检验,最终能够解决学生课外体育活动走上两个极端的问题。一个极端是"放羊式"课外体育活动,长期无人管理,学生自己活动;另一个极端是"管得太死,几乎都是列队、跑步、个别田径项目,很少设置学生喜爱的球类、健美操等项目,大大扼杀了学生体育锻炼的积极性"。而课外体育活动模式理论构建和实践本身是系统、复杂的,因此,在课外体育活动实施模式研究过程中,离不开实验与实践。

在构建课外体育活动实施模式时,要充分考虑到以上现实,新的课外体育活动模式应该做到校内和校外课外体育活动有机结合,也就是校内课外体育活动模式+校外课外体育活动模式,即大课间体育活动+社会体育的新模式,重点构建社会体育活动模式。

构建新课外体育活动模式时,校内课外体育活动之所以选择大课间模式,而没有选择代表队训练、两操、俱乐部模式,校外课外体育活动选择社区体育而没有选择校际体育活动主要有以下几方面的考虑:

首先,代表队训练模式针对的往往是某些体育成绩特别突出的学生。从这个角度看,代表队训练模式并不具有普遍性。

其次,俱乐部模式在当前的情势下,还不具有普遍性,也不是当前校内课外体育活动的主流。

最后,校际体育活动虽然在学校体育发达的一些国家得到广泛开展,但其开展需要较高的条件,我国当前的教育制度决定了开展校际体育活动的难度,因此,不宜选择校际体育活动作为校外课外体育活动的主要模式。而同样在学校体育发达国家得到广泛开展的社区体育模式则较为适合。因社区体育模式把社区作为家庭、学校、社会体育一体化的桥梁,社区体育的发展为大众体育落实到基层找到了载体,也为丰富和完善学校课余体育创造了条件。日本与欧美纳入社会体系的学校课余体育、社区体育发展模式,为我国学校体育、社区体育的和谐发展,促进体育社会化提供了借鉴。

随着社会的发展,学校与社区的联系越来越紧密,学生的活动范围也已超越学校,学生参加社会实践活动的机会越来越多。因此,学校的课外体育活动也要走出校门,充分利用社区体育设施这一体育资源组织学生锻炼和比赛,观看社区组织和承办的不同项目和水平的体育比赛,让他们在观看比赛的过程中学会如何欣赏比赛,学习比赛规则、场地设施等体育知识;学校和体育教师要与社区体育组织者联系,争取更多机会让学生参与社区组织的体育比赛,参加比赛的服务、裁判等工作,让他们走向社会、适应社会化发展。

第三节　课外体育活动的具体实施策略

一、加强课外体育活动设施的建立

为了促使学生积极地参加到课外体育活动中,学校首先应在场地、体育硬件设施上加大投入力度,在条件允许的情况下,尽量为学生提供充足的课外活动场地、健全的课外体育活动设施,从而加强学生对课外体育活动的积极性,更积极主动地加入课外体育活动中。

二、改变学生对于课外体育的思想意识

思想意识的改变是学生自觉参加课外体育活动的基础,学校应加强

体育锻炼的价值和意义宣传等工作,大力提倡"将健康放在首位""终生体育"的体育思想意识,让学生意识到体育锻炼的好处和重要意义。因为学生只有从根本上意识到体育锻炼对自身的益处,才能真正激发学生对于课外体育活动的兴趣爱好,才能真正长时间地坚持体育锻炼,克服自身的惰性,树立正确的体育健身意识,养成良好的体育锻炼习惯,为提升日后的工作生活质量打下坚实的基础。

三、实施对课外体育活动进行学分制管理

当前,我国各大高校已对体育课程进行学分制管理,在强化学习体育和体育锻炼的过程中,加强对体育的重视,这种管理模式在体育教学中取得较理想的效果。在课外体育活动的教学方面,为加强学生的重视程度和学生参加运动锻炼的积极性,各大高校仍可采用学分管理等方式强制学生参加课外体育锻炼,加强学生在课外体育活动中磨炼的意志。

根据男生、女生对于体育方面的需求存在的差异,进行有针对性的选择,通常情况下,男生对于瑜伽或者是健美操等体育活动感兴趣的比较少,而女生则对于球类运动感兴趣的比较少,男生一般会选择竞技性比较强的体育运动,而女生则会选择比较柔和的体育活动,所以一定要多为学生做好备选项,让学生根据自己的爱好来进行选择。

四、提升学生对于课外活动的认知

开展课外活动及其依照的指导方针都是具备一定的目的性,也是为了能够进一步提升整体的教学质量,提升学生的生活质量。但是这种情况大多数都是为了只着眼在对于技能的讲解,却忽视了的学生对课外活动的认知,很多学生不愿意主动参加到学校的文艺晚会中,包括课外实习项目,因此,加强对学生开展课外活动方面的认知是非常重要的。

五、提升学生积极地参与课外活动的动机

因为学生做事相对来说是有着比较强的目的性的。为了能够更好地加强学生学习的动机,可以进一步帮助学生完成课外活动,帮助学生认识

到也能课外活动能够带来的正面影响。帮助学生积极建立健康的活动动机与生活方式,有助于帮助学生发现自己在体育方面的特长,发展体育锻炼的兴趣。只有体育锻炼与学习的动机得到明确,才能真正认识到课外活动存在的价值。

第七章　体育与健康主体教育策略

体育与健康教育主体是学生。学生既是体育教育的对象,又是体育学习的主体,是体育教育过程的主要参与者,体育教育效果的体现者。因此,如何树立正确的学生观,激发学生体育学习动机,培养学生的体育兴趣和习惯,提高学生身心素质和体育能力等,一直是体育教育教学改革研究的重点问题之一。我们对学校体育与健康教育主体培养问题进行研究,旨在探索学校体育教育培养学生身心素质的新路子,促进学校体育与健康教育的改革发展。

第一节　学校体育培养学生主体性

学校体育的目标就是要增强学生体质,提高学生健康水平,促进学生身心全面发展。这说明学生是学校体育教育的客体和主体,一方面学生是教育客体、教育对象,就要认真学习,接受学校体育教育指导,完成体育学习任务;另一方面学生又是学校体育教育主体,具有较大学习能动性,是体育教育动力系统。因此,学校体育要重视学生主体意识培养,树立正确的学生观,对实现学校体育教育目标,提高体育教育效果,促进素质教育改革发展等都具有重要实际意义。

一、要树立正确的学校体育教育观、学生观

教育观是对教育现象、教育问题、教育规律的总体认识或看法。它影

响着体育教育发展方向、过程和效果。长期以来,受传统教育思想的影响,体育教育以教师、课堂、教材为中心,学生被动学习,影响着体育教育效果。随着教育改革的深入发展,体育教育观念不断更新,树立正确的学校体育思想就显得非常重要。我国第三次全面教育工作会议明确提出:学校教育要树立"健康第一"指导思想,切实加强学校体育卫生工作,增强学生体质,提高学生健康水平。这给学校体育指明了发展方向,树立了正确的体育教育观念。坚持"健康第一"指导思想,提高学生体质健康水平,就要重视学生的主体性培养。

促进学生健康成长是体育与健康教育的性质决定的,体育教育是在学校教育中落实健康第一指导思想的主要途径之一。但是,这并不是说只要在学校中开设了体育与健康课程,保证了必要的课时,就自然体现了"健康第一"的指导思想,自然能够达到促进学生健康成长的目标,体育与健康课程自身也存在着以"健康第一"为指导思想的问题。体育与健康教育要落实"健康第一"的指导思想,必须在教育目标的确定、课程的设计、教学内容的选择和体育课程的组织实施、课程评价等各个方面,都真正体现"健康第一"的要求,以促进学生身体健康水平、心理健康水平和社会适应能力的提高。按照这样的理念,在体育课程的内容和结构方面,体育与健康课程标准没有采用按运动项目划分教学内容的方法,而是以技能、认知、情感、行为等作为划分学习领域的主要依据,并按照健康的要求,选取了与体育有密切关系的生理、心理、卫生保健、环境、社会、安全、营养等诸多学科领域的有关知识和技能,构建了新的体育课程体系,力求把健康的要求落到实处。在体育课程教学的方方面面都要体现"健康第一"教育思想,树立正确的学生观,重视培养学生参与体育的主动性、主体性、积极性。

二、要激发运动兴趣,培养学生终身体育的主体意识

德国教育家第斯多惠说过:"教学艺术的本质不在于传授本领,而在于激励、唤醒、鼓舞。"兴趣是最好的老师,学生的学习兴趣直接影响着学生的学习行为和效果。学生能否通过体育与健康课程的学习形成体育爱

好和锻炼习惯,兴趣发挥着非常重要的作用。传统体育教学模式虽然也能完成教育的基本任务,但在激发学生的体育学习和活动兴趣,促进学生主动参与体育活动方面,却很难说有多少积极的作用。据调查,我国16岁以上居民中有66.74%的人不参加任何体育活动,其中相当多的人是因为对体育缺乏兴趣,占各种不参加体育活动原因的第3位。有调查也表明,学生在回答"不愿意参加体育锻炼的原因"时,将怕累(54.5%)、没有喜欢的项目(51.3%)和没有习惯(50.0%)列在前3位。这些情况说明强调学生学习兴趣在体育教育改革中具有特别重要的意义。

学校体育是终身体育的基础,运动兴趣和习惯是促进学生自主学习和终身坚持锻炼的前提。兴趣是学习的初始动机,也是有效学习的保证。学生有兴趣浓厚的活动,再苦再累也不能把他们拒之门外;反之,如果学生没有兴趣,再愉快的活动也会让他们觉得乏味。只有激发和保持学生的运动兴趣,才能使学生自觉、主动、积极地进行体育课程的学习和锻炼。因此,在体育与健康课程标准中,从教学内容的选择和教学方法的安排,都十分关注学生的运动兴趣,十分关注学生健康的主体意识、锻炼习惯和卫生习惯的养成,这是实现体育课程目标和价值的有效保证。因此,体育教育中要培养学生终身体育的主体意识。

三、要以学生发展为中心,重视学生的主体地位

在传统学校教育模式下,"培养科学家和工程师的模式仍然是学术模式,科学家和工程师仅仅是他们的教授的复制品"。这种模式不仅对高等教育,也对普通教育产生了深刻的影响。在这种模式下,学生被视为"白纸""容器",被视为有待完善的有机体。总之,学生只是成人社会的附属,在教育过程中只是教师们塑造和完善的对象,处于从属和被动的地位。在体育课教学中,他们只是被动地按照教师的安排进行练习以掌握某种运动技能。由于不重视学生的感受和体验,这种教学方式很容易让学生感到厌倦和反感。

随着多年来对体育模式的不断探索,许多教育家和教师注意到了传

统教育模式的弊端,一些学校和教师开始对传统的体育教学方式进行改革,以提高学生的学习兴趣。在这种背景下,从日本传入的"快乐体育"逐渐在一些学校中进行实验推广。但是,由于不少人对快乐体育的实质缺乏深刻的理解,只单纯地从教学法的层面去理解"快乐体育",而未能认识到快乐体育实质上是对传统教育模式所体现的学科中心和教师中心课程的否定,因而快乐体育只在部分小学中收到了一些成效,在更多的学校特别是在中学中,传统体育教学的一些弊端并未能真正得到纠正,学生在体育学习中应有的主体地位并未能真正得到体现,学生在上体育课的时候"身顺心违",不喜欢体育课的情况没有得到根本改变。

传统教育模式或许有利于知识的传授,但不利于学生学习主体作用的发挥和能力的培养。鉴于体育课程的特殊性质,充分体现学生在体育学习中的主体地位至为重要。因此,体育与健康课程标准在构建课程体系的时候,十分关注满足学生全面发展的需要和学生的情意体验,从课程设计到评价的各个环节,始终从有利于学生主动、全面的发展出发,要求教师在教学活动中要特别注意体现学生在学习活动中的主体地位,以充分发挥学生的学习积极性和学习潜能,提高学生的体育学习能力。

四、要关注学生个体差异与不同需求,确保每一个学生受益

全面推进素质教育,要坚持面向全体学生,为学生的全面发展创造相应的条件,依法保障适龄儿童和青少年学习的基本权利,尊重学生身心发展特点和教育规律,使学生生动活泼、积极主动地得到发展。让每一个学生都能从学习中受益,不但是基础教育的根本任务,而且是学生的权利,也是贯穿体育与健康课程的一个基本理念。

体育教育是一种以技能学习为主的课程,学生学习的结果主要体现在学生体能、技能和运动行为的改变方面。只要学生认真、主动地完成学习要求,学生在上述方面的状况就一定会发生积极的、有利于全面发展的变化。但是,人的体能和运动技能状况并不仅仅与后天练习和发展有关,

并且与先天遗传有极大的关系。从健康的角度看,每个人的运动需求和运动表现都不尽相同。因此,体育与健康课程根据学生身心发展的客观规律,从确保每个学生受益的前提出发,充分注意到学生在身体条件、兴趣爱好和运动技能等方面的个体差异,根据这种差异性确定了学习目标和有弹性的学习内容,提出了有益于学生发展的评价原则;在教学组织和教学方法等方面,也提出了相应的建议,以保证绝大多数学生能完成课程学习目标,使每个学生都能体验到学习和成功的乐趣,以满足身心发展的需要。因此,学校体育教育中要充分发挥学生的主体作用,使每个学生得到全面发展,成为社会所需要的人。

第二节　体育教育与学生心理健康

随着现代社会的发展,心理健康问题逐渐引起人们的关注。心理健康是一个十分复杂的综合概念,它涉及医学现象、心理现象、社会现象。不同的学科的学者对心理健康有着不同的观点和看法。第三届国际心理卫生大会把心理健康定义为:心理健康是指人在身体、智能以及感情上,在与他人的心理健康不相矛盾的范围内,将个人心境发展成最佳的状态。《简明不列颠百科全书》注释:"心理健康是指个体在本身及环境许可的范围内所达到的最佳功能状态,但不是指十全十美的绝佳状态。"心理学家 H. B. English 的定义为,心理健康是指一种持续的心理状态,当事者在那种情况下能作良好适应,具有生命的活力,而且能充分发展其身心的潜能,这乃是一种积极的、丰富的情况,不仅是免于心理疾病而已。社会学家 W. W. Boehm 认为,心理健康就是合乎某一水准的社会行为,一方面能为社会所接受,另一方面能为本身带来快乐。纵观国内外相关研究,我们认为:心理健康是一个整体状态包括心理状态和心理调节能力;心理健康的标准是复杂的,而又相对的,人的心理健康是一个连续的过程,具有发展性、变化性特点。心理健康概念有广义和狭义之分,广义的心理健康是指一种完善而满意的、持续的心理状态;狭义的心理健康是指人的基本心理活动过程的内容完整、协调一致,即认知、情感、意志、行为、人格完整和协调。这是我们对体育教育的心理效应有更好理解的基本点。学生的心理健康问题一直是学校素质教育改革的重点研究课题,至今,关于学生心理健康的研究仍处在经验的表面认识上,教育实践中仍缺乏科学理论的指导。因此,我们对体育教育的心理健康培养问题进行理论研究,进一步探讨体育教育对学生心理疾病的影响和心理品质的培养。为深化学校素质教育改革,构建校园体育健身体系,指导大学生体育锻炼实践,培养良好的心理健康素质,具有重要理论价值和实际意义。

一、体育教育对学生心理焦虑、抑郁的影响

学生在适应学校教育和社会生活中常常出现焦虑和抑郁现象。焦虑是个体对不确定的因素所产生的烦躁不安,甚至是恐惧的心理状态,一般是由于超出自身能力而不能达到目标、满足欲望的要求,不能解决各方面因素所引起的矛盾,以及不能正确处理带有麻烦的事件而陷入困境不能自拔,或者由于遭受挫折而引起的消极心理状态。焦虑给人一种不愉快的身心体验,如学生考试成绩不理想、评比不满意以及生活问题等常引起学生焦虑。抑郁常是伴随着学生生活中的挫折、失落感而产生的悲伤、恐惧、羞愧、烦恼,甚至是负罪感等,其持续的时间越长给学生带来的痛苦也越大,主要表现为悲观、低自尊、自卑、沮丧、急躁、不安、绝望等,如学生的不同家庭条件、学习差异、同学关系等常引起学生抑郁。这些是学生们遇到的最为常见的情绪困扰。

体育教育活动能有效帮助学生减轻抑郁、焦虑、紧张、愤怒、混乱状态。有研究表明渐进性体育放松练习和体育锻炼活动都可以有效地降低状态焦虑(波动的、暂时的焦虑状态);长期的和一次性的有氧体育练习均可有效地降低焦虑状态。诺瑟等人(North,Mccullagh&Gran)的研究结果表明:一次性体育活动和长期的身体锻炼均能有效地降低抑郁,身体练习既可降低特质性抑郁(长期的、稳定的),也可降低状态性抑郁(短期的、波动的);身体活动既可降低正常人的抑郁,也可降低精神病患者的抑郁;

有氧运动(低强度,长时间)和无氧运动(高强度,短时间)均可降低抑郁,体育活动与心理治疗相结合更能有效地降低抑郁。另有研究表明,有氧运动可降低焦虑、抑郁;对长期性的轻微到中度的焦虑症和抑郁症有治疗作用;体育锻炼者参加锻炼前的焦虑、抑郁程度越高,受益于体育锻炼的程度也越大;体育锻炼后,即使心血管功能没有提高,焦虑、抑郁程度也可能下降。国内的研究资料表明,以有氧代谢为标准的中距离和长距离慢速跑、变速跑,能够松弛紧张的情绪,消除过度的精神紧张和疏导被压抑的精神负担。集体项目,如各种球类活动,可以通过培养学生良好的协作精神和团队意识来抑制焦虑。健美操、有氧韵律操等对焦虑有明显的作用。力量练习也可以降低焦虑的水平。这说明体育教育活动对大学生的心理焦虑、抑郁症等都有良好治疗和预防作用。

二、体育教育对学生心理应激的影响

学生在适应现代社会发展中,面临竞争的不断加剧、生活节奏的加快,使学生产生了时间的紧迫感和巨大的压力感;多种价值观念的冲突,学业就业竞争的冲击,利益的冲突,以及社会交往的冲突,使学生们常常处于应激状态中。主要表现为:易激怒、急躁、争执及愤世、嫉恨、激动、恼火、紧张等等。应激是机体对作用于自身要求的一种非特异性应答,是机体保证生存最重要、最复杂的反应,涉及神经—内分泌系统和许多其他一些器官,还影响着人的免疫功能。可见,应激状态对学生心理健康的影响是很大的。研究表明,体育教育活动具有减轻应激反应以降低紧张情绪的作用。国内学者朱健民研究发现,经常进行体育活动的大学生群体应激反应明显低于不经常进行体育锻炼的大学生。也有研究表明,自觉、积极的体育活动能加速心理疲劳的消除。若保持良好的情绪状态和保持中等强度的活动量,就能减少疲劳;通过体育活动能提高最大摄氧量和最大肌肉力量等生理功能,减少疲劳的出现。通过体育教育的有意识运动还可以调节应激的水平,使大学生的应激水平提高或降低,以适应社会应激的要求。这说明体育教育活动对学生心理应激有良好影响。

三、体育教育过程对学生情感体验的培养

体育教育的心理效应不仅只局限于对现代人们心理疾病的预防和治疗,而且在很大程度上它所具有的积极的情感体验也是其心理效应的重要内容。流畅感是人类一种理想的内部体验状态。在这种状态中。人忘却自我全身心投入活动当中,对过程的体验本身就是乐趣和享受,并产生对运动过程的控制感。因此,可以认为流畅感本身是一种积极的情绪状态。它来源于人们的生理需要或心理需要的满足。大学生通过体育教育实践活动,实现了预期的目标,显示出自己的主体性力量的时候,就会产生一种精神上的情感体验,即达到了主(人)、客体(运动)关系的协调、一致。学生的体育教育是一个动态的过程,体育活动过程中的人和运动之间的实践、认识、价值、审美关系相互制约、相互交织在一起,共同推动着学生自身生理和心理的完善。有研究表明,体育运动是人们流畅感的主要来源,它是体育活动的心理健康效应达到最大值的一个重要因素。在体育教育过程中流畅无处不在。学生在享受流畅情感体验的同时,也不断地升华了自身对运动美感的建立。温克尔(L. M. Wankel)在他的有关愉快感、流畅感和体育活动关系的研究中认为,体育活动的愉快感、流畅感,将使身体锻炼产生更显著的积极效应,首先可能使体育参加者更容易坚持锻炼,从而使更多的运动参加者得到健康;其次,流畅感本身具有直接的健康效应,使体育参加者获得积极的心理健康状态和建立良好的体育运动美感。可见,流畅感是学生在体育教育活动过程中获得的良好情感体验。

四、体育教育对学生认知能力的培养

心理学家 Brown 认为:智力是学习认知能力,是把持知识、推理和应付新环境的能力。我国较多的心理学家认为:智力是指认识方面的各种能力,即观察力、记忆力、思维能力、想象能力的综合,其核心是抽象思维能力。有研究发现,体育教育对人的感知能力、记忆能力、想象能力、思维

能力等方面的发展都具有重要的作用。美国加利福尼亚大学琴森教授经过多年的研究指出,测定人脑细胞的反应速度可以看出他的思考速度和智商的高低,而经常从事体育活动是促进脑细胞反应速度提高的重要方法之一。诺贝尔医学生理学奖获得者斯佩里博士研究指出,人的许多高级思维功能取决于人脑的右半球,经常进行体育活动有利于挖掘大脑右半球的潜力,发展人的智力。可见,经常进行体育锻炼对大学生的认知能力有较好培养,在体育活动中学生的观察力、记忆力、思维能力等获得锻炼,从而发展其智力,提高素质。这就是体育教育对学生认知能力的良好培养,反映体育与智育的密切关系。

五、体育教育对学生意志品质的培养

体育教育有助于培养学生顽强的意志品质。在从事体育活动中,既要克服客观困难,又要战胜主观困难,良好的意志品质是在克服困难中形成和表现出来的。坚持不懈的体育锻炼本身就是一种意志行为。在体育教育过程中,不断挖掘自己的潜能,在提高自己运动能力的同时,也不断发展自己的意志能力。如:学生一定要达到体育标准或某项技术标准时,就必须意志坚强、刻苦运动。在通过努力达到标准的时候,就会为自己的成功而高兴。同时也会感到自己战胜困难的能力,产生自我成就的认识和情感体验,产生愉快、振奋和幸福感。适宜的体育活动能使学生获得心理满足,产生积极情绪体验,以增强自信心,消除心理障碍。体育活动是培养人的意志品质的有效手段。体育运动对人的意志品质的磨炼在于它总是与克服困难联系在一起的,总是与负荷的身体和心理疲劳联系在一起的。体育活动中的高速度、长距离、多障碍、激烈的对抗等不同负荷,都需要学生参与者去克服,在克服中以磨炼人的意志。体育活动不仅需要克服肌肉酸痛、培养坚持到底的顽强毅力,而且在激烈的对抗性活动中还需要能理智地分析客观情况,辨明方向和弄清利弊,当机立断。能抵御外部环境的各种困扰,克服并抑制消极情绪和冲动,而不被一时的困难所压倒,也不被一时成功所陶醉,始终把握既定的目标方向,是体育教育对学生意志品质的要求。从某种意义上讲,体育活动尤其是体育比赛既是斗技战术也是斗智斗勇。因此。体育教育活动有助于培养学生不畏艰苦,不怕困难,果断机智,勇敢顽强的意志品质,促进良好个性的形成。

六、体育教育对学生健全人格的影响

人格是指一个人的整个精神面貌,即具有一定倾向性的心理特征的总和。心理学的研究表明,人格的形成及其发展与人的活动密不可分。在体育教育过程中,学生是参与运动者,自己是活动的主体,这样有利于思维活动和机体活动的紧密结合,从而促进人格的展示和发展。学生参加体育锻炼,既可以施展自己的才能,又能达到实现自我的心理满足,这种心态可以增强学生们的自尊心、自信心和自豪感,提升自我概念。有关研究表明,经常参加体育活动者更容易与他人形成亲密的关系,人际关系更和谐,更有助于产生亲近感,消除孤独、恐惧的心理等。对于那些性情孤僻、优柔寡断、不愿与人交往、待人接物淡漠的人来说,体育活动能使他们认识到自己的价值,树立起自信心,如果把这些观念迁移到更广泛的社会生活中,则能有效地促进学生的社会化进程,使学生的个性日趋完善。一些研究发现,经常参加体育活动的人表现出较强的认知能力和智力特点,身体锻炼能强化身体自尊和身体自我概念。Secord 和 Tourard 等人将身体自尊(身体感情)定义为与社会评价密切相关的个体自我身体的不同方面的满意或不满意。身体自我概念是个体关于自己身体面貌的观念。它们均是存在于个体自我意识中的有关身体的认知与体验,对个体的身体锻炼活动能产生自我调节的作用。Tucker 研究了男性学生肌肉力量与心理健康的关系,发现在体重作为变量的情况下,力量与身体自尊、情感稳定性与外向和自信呈正相关。通过力量训练能使个体的自我概念清晰度明显提高。Sonstroem 认为,身体自我效能的改变提高了身体能力和身体认可的总体水平,这两者共同对整体自尊作出贡献。自1984 年以来,一些研究调查了各种身体活动与女性身体自尊和身体自我概念之间的关系。如 Skrinar 等人研究发现,有氧运动增强了女性的身体内部意识和身体能力。纵观该领域的研究,我们认为体育教育活动对培养学生的心理健康,完善人格都有重要作用。

第三节　体育运动与学生审美能力

学校体育活动的美学价值十分丰富,需要广大教师和学生积极参与体验审美教育,提高学生的审美能力。体育运动与美学是通过揭示体育运动中美的本质特征和美的表现形态,通过对体育运动与美学的研究,不仅能在体育运动中更好地对人体进行审美教育,使人的身心日臻优美完善,造就全面发展的一代新人,而且还能促进运动技术趋于美化和规范化,提高体育运动的艺术动作质量,有助于提高运动技术和赶超世界水平。体育运动的目的在于:一方面强身健体,一方面以运动美的形式向人们展示绚丽多姿的艺术世界,给人以美的陶醉和享受。几乎任何一项体育项目都能展现人体的力量、速度、灵巧、耐力和青春活力,展现人类的形态美与心灵美。因此,体育运动与美是水乳交融、不可分离的。体育运动的美感建立在一种双重的基础上,首先与运动者运动时的积极性和创造性有关,其次是产生于经历情感体验与竞赛过程中非常实际的感受。研究体育运动的美学价值,对于推动现代体育发展,提高体育运动的审美水平,有着十分重要的意义。体育运动满足了人们的审美需要,体育审美水平的提高又进一步促进了体育运动的发展。因此,我们针对学校体育活动中的人体美和运动美进行一些研究,旨在促进学校体育审美教育的发展,培养学生的审美能力。

一、体育活动的审美特征分析

体育运动除了具有锻炼身体、增进健康、增强体质的作用外,对学生减肥和改善体态,提高韵律及身体协调等有着极其特殊的作用。它不仅有"健",而且有"美",把体育与美融为一体,可陶冶美好的情操。体育活动的审美特征有:一是形体美。塑造形体美是以形态、姿态、气质练习为主要内容和手段,对运动练习者进行美育与体育并举的教育,完善其身心的过程。体育活动可有效消耗体内多余脂肪,维持人体能量的收支平衡,降低体重,保持健美的体形。在减少多余脂肪的同时发展某些部位的肌肉,使人体的体形按健美的标准得以塑造。在进行体育锻炼中,对身体姿态和活动技巧有一定的美学要求。如做动作时要求舒展放松,一方面增加肢体的曲线,使肢体的线条富有美感。另一方面在某种程度上延长了肢体的长度,使腿部与身体整体的比例更趋于接近美学比例。二是动作力度美。力度是指肌肉的用力程度,也是力量与速度的综合表现。体育活动中的健力操通过动作的力度来表现操的风格和练习者的精神风貌与美感。力度的大小则依据其动作的性质、结构、幅度的变化及预期的效果而定。在完成每套动作中采用对抗肌群相对紧张、相对平衡的基本原则,掌握好做不同类型动作时肌肉紧张与松弛的对比感,把握好同类动作在不同状态下肌肉用力地强弱大小的处理,才能使动作完成的优美稳健、刚健挺拔,达到力与美的和谐统一。三是韵律美。音乐是体育活动中健美操的灵魂,其音乐节奏清新明快,旋律优美,体现出一种鲜明的韵律感。特殊处理过的音乐,其独特的旋律魅力,使健美操运动更具有生命力,有特殊的感染力,表达着运动员的情感,并唤起观赏者的情感愉悦,让人体验到健美操的艺术魅力,进而产生愉悦的体验,音乐是声音的艺术,是健美操的灵魂。体育活动中健美操在特定的音乐基础上才能得以完成,在适宜的音乐的伴奏下才能得到充分的展示。音乐与体育活动可以说是密不可分的,在健美操运动中,旋律优美、节奏感强的音乐,有助于练习者牢记动作顺序和掌握动作;而欢快、热烈、富有节奏的音乐,能有效地激发练习者的积极性和热情,使练习者闻声而娱,渐而入境。四是健康美。"健康"原指生理功能正常、无病理性改变和病态出现。但随着经济的发展,社会的进步和现代物质文明的不断提高,现代健康已不仅仅是生理意义上的"健康",而兼备健康的心理和行为。"健康美"是一种积极的健康观念和现代意识,是机体最有效发挥其机能的状态。通过体育运动,练习者不仅锻炼了身体、增强了体质、有了健美的体魄,并且从中得到了"美"的享受,增强了审美意识和审美修养,在轻松应付日常工作与生活之余,还有充沛的精力参加各种社交、娱乐和其他活动。

二、体育活动的审美价值分析

体育活动的身体美是指人体健康所呈现出来的美。它是由人体良好的生理、心理状态综合显示出来的健康之美。这种美主要是在运动的过程中表现出来,只有通过锻炼才能得到。体育运动对肌肉、骨骼系统的塑美价值表现在,肌肉由肌纤维组成,具有收缩功能,经常进行体育锻炼,可使肌纤维变粗而且坚韧有力,使其中所含蛋白质及糖原等的储蓄量增加,血管变丰富,血液循环及新陈代谢改善,动作的耐力、速度、灵活性、准确性都增强。肌肉附着于骨骼,经常进行体育锻炼,改善骨骼的血液循环及代谢,使骨外层的密质增厚,骨质更加坚固从而提高骨骼系统抗折断、弯曲、压拉、扭转的能力。骨与骨相连形成关节,其周围由韧带和肌肉包围,经常进行体育锻炼,可加强关节的韧带,提高关节的弹性和灵活性。经常进行体育锻炼,有益于肌肉、骨骼、关节的匀称与和谐发展,有利于形成正确的体态和健美的形体。

体育活动增进健康美。体育运动对人体的生理系统和身体素质起到了促进和发展的作用。从美学角度来讲,健康本身就是美的,也是外界审视美与不美的前提。当一个人身体显示出一种生气蓬勃的活力,且被人们感性地直观地审视和欣赏时,它就使人产生了美感。而这种活动力的产生,经常有赖于健美运动给人带来的身体的某些机能的改变。目前,健康美已经成为一种积极追求的健康观念与现代意识,也是一种新时尚。一个具有健康美的人除了自我感觉良好、可轻松应付日常工作与生活外,还有充沛的精力参与社交、娱乐和其他活动。

体育活动塑造形态美。人的形体是世界上一种永远新鲜、永远充满生命力的最动人的美。人的美丽直观的表现,首先在于形体美。人是社会的人,形体美是一种蕴含着深刻社会性的自然美。只有健康,人的形体各部位才能匀称、协调、和谐,才能拥有饱满而富有弹性的肌肉、红润而有光泽的皮肤,才能精神焕发、精力充沛、动作敏捷,给人以健与美的感受。"形体"分为姿态和体形。姿态是从我们平时的一举一动表现出来的行为习惯。而体形则是我们身体的外形,其遗传因素起着决定性作用。但通过长期的体育运动,会有益于肌肉、骨骼、关节的匀称与和谐发展,会有利于改善不良的身体姿态,形成优美的体姿,使人表现出一种良好的气质与修养,给人以朝气蓬勃、健康向上的感觉。特别是通过健美操的力量练习,可使骨骼粗壮、肌肉围度增大,从而弥补先天的体型缺陷,使人变得匀称健美,同时还可消除体内和体表多余脂肪,保持健美的体形。

体育活动强化身心美。随着时代的发展和社会的进步,人们在享受科学技术所带来的舒适生活和各种便利的同时,伴随而来各方面的精神压力增多。从而引起各种心理疾患,造成身体疾病,如高血压等。通过体育活动的锻炼可以找寻愉悦和宣泄情感的机会与途径,使人们的情感得以淋漓尽致的表达,使工作、生活中的疲惫身心得以舒缓。

三、体育活动的审美能力培养

体育活动的审美能力培养表现在精神上陶冶情操发展心灵美。体育运动除了能塑造人的外表美,还能磨炼人坚强的意志、陶冶美的情操、增强人的自信心和奋发向上的精神。心灵美是指一个人对人体美的认识理解、动机目的、鉴赏标准及锻炼方法的选择等。体育活动有助于人们实现心灵美的追求,体育舞蹈锻炼在音乐伴奏下进行,使人们在欢乐的乐曲声中忘掉苦闷和忧伤,恢复已丧失的心理平衡,调剂人们的思想情感。由于体育运动是在体育美学、人体生物学等科学理论指导下进行的锻炼,它的单个动作或成套动作在创编时都有明确的目的性、针对性和科学性,对造就动作美、姿态美、形体美和培养正确的审美观念,提高对美的鉴赏能力和陶冶美的情操都有重要的拓展作用。

体育运动中给人以美的享受。体育活动内容丰富多彩,像是一个绚丽多姿美的艺术世界,它不仅使观众欣赏到美,也使运动者享受到美。力与美的结合状态不是简单的满足;这不是一般的快乐,而是个体超越了是一种极致,是一种稀有的幸福感。可以说,自我审美与他人的审美在运动中同时得到了实现,这个运动过程,不仅美化了人的活动,也美化了人本身。

体育运动不同于其他社会活动的一个显著特点是以自然人体为对象,运用自己的力量实现自我塑造,追求人体美以及精神享受。通过身体的健康、肌肉的匀称、体态的高雅、动作的优美,达到对体育练习的形体美、动作美、姿态美、音乐美、精神美的体验,从而进一步培养良好的体育审美爱好与情趣,树立正确的审美意识,提高对美的感受能力、鉴赏能力与创造能力,获得体育活动的审美教育。

第四节 学生体育学习的能力培养

体育学习是学生学习内容的重要方面。然而,由于受应试教育的影响,学校和学生对体育学习还不够重视,影响培养人才的质量。因此,我们对学生体育学习能力的培养问题进行研究,对强化学生体育意识,提高学校学生对体育的认识,促进学校体育教育改革,培养全面发展的各类高素质建设人才,具有重要理论价值和实际意义。

一、影响学生体育学习的因素分析

(一)学习心理

学习心理是指学习者因经验而引起的行为能力和心理倾向的比较持久的特征。学生体育学习心理就是在以往的体育学习中形成的心理状态,对体育学习产生重要影响。长期以来,中国教育重文轻武,应试教育盛行,使学生从小学开始学习体育,到中学、大学一直学习体育,在这十几年的学习过程中,形成了定势的体育学习不良心理,影响着学生体育学习行为。学生常常不能很好地发挥学习积极性,厌烦体育学习,有的学生逃避体育课程、体育锻炼等,影响了体育教育效果以及学生身心素质的提高。

(二)学习态度

G.奥尔伯特认为:"态度是根据经验而系统化了的一种心理和神经的准备状态,它对个人的反应具有指导性或动力性的影响。"他的研究着重于态度是个人行为的内在结构或强调态度是个人行为的倾向性,它是对个人行为一贯地、有规律地发生作用的心理结构。M.米洛开奇认为:"态度是一种具有结构和组织的复杂的认知体系。"他把态度理解为个人对事物的内在信念的总评价,强调态度是一种认知体系。M.谢里夫认为:"态度是生物有机体对于对象和现象发生反应的准备状态,使个体的反应带有选择性、方向性以及一定的持续性。"由此可见,态度是由认知、情感、行为意向三个因素构成的,比较持久的个人的内在结构,它是外界刺激与个体反应之间的中介因素。个体对外界刺激发出的反应受到自己态度的调节。体育学习态度的形成与他们成长的过程中所接受的体育影响和教育密不可分,体育学习态度的形成受多种因素的影响,并经过长期孕育的过程,是一个不断循环的反复过程:①当体育学习态度处于服从阶段时,表现出体育行为不是自觉行为,只是在某种压力或被迫下采取的行为。如:绝大部分学生只把它作为考试的需要,并不是全心喜欢它,由于没有自觉性,因而其行为缺乏长期性和坚持性。②当体育学习态度处于同化阶段时,它不是在外界压力下形成与转变态度,而是出于自愿。这一阶段的体育行为有了自觉性,但不稳定,仍缺乏经常性。心理学研究表明:同化能否顺利进行并能积极转化,提高外界影响力和学习对象的吸引力是关键。我们可以从课程的设置、教法的变化、课后的各种体育活动、体育设施等方面来考虑,以便让学生发自内心地喜爱体育技术。③从服从到同化,再到内化是一个复杂的过程,并非所有的人都能完成整个过程。有的人能完成,有的人不能完成,这就需要教育。一个人的态度与其行为具有较高的一致性,有什么态度就有什么行为。据对学生体育活动次数相应的体育学习态度得分统计,并对两者进行了相关性分析,发现两者具有高度正相关,相关系数为 0.95。心理学研究表明,人们对某一事物积极的态度和行为,取决于对这一事物所具有的价值的深刻认识和理解,同时也取决于对这一事物的浓厚兴趣。理性认识和感性体验相互吸引相互作用,共同发挥行为的动力作用,这样的行为才能有很好的稳定性和坚持性。

(三)课堂教学

现代教育的发展,教学改革的不断深入,必然要涉及教育思想、教育观念的转变。旧的"三中心"教育指导思想已不适应社会发展的需要。长期以来,我国学校体育课无论是大学、中学、小学,均为一贯制,教学内容、教学形式基本相同,大喊"改革、创新",但说归说,没有充分发挥学生在教育过程的主体作用,教学内容选择上也存在片面性。有些老师的体育观念陈旧,理论知识贫乏,以及体育教学形式等没有进行改革,体育教学单调无味,影响了学生的体育学习兴趣。

(四)学校体育氛围

体育氛围是指学校体育环境、学生体育热情、参与体育活动的积极性、主动性等。许多学生认为,体育氛围对学生参与体育活动,提高体育学习的积极性等有重要影响。体育氛围具有感染力,能够使学生产生潜移默化的影响,从而提高体育学习的积极性和自觉性。

二、培养学生体育学习能力的对策

(一)培养学生体育学习动机和兴趣

学习动机是学生个体内部促使他从事学习活动的驱动过程,它是学习过程的核心,推动学生的学习活动,其培养方法是建立学习定向的课堂环境。所谓"学习定向的课堂环境",指的是使学生倾向于学习活动的环境气氛。欲建立这种课堂环境必须做到:集中学生的注意力,建立学习意向,消除学生的焦虑;充分利用学生的需要与内在动机是他们从事体育学习活动持久动力的特点,帮助学生确立学习目标和控制学习。在教学过程中教师应充分利用体育情景教学,因势利导,激励创新,消除学生害怕受伤,害怕上体育课的恐惧。教师应在课堂中注意调动学生学习的主动性和积极性,激活学生创新动机,树立创新意识,积极探索和采取灵活多样的现代化教学方法,进一步推广"愉快教育""成功教育"。为了培养学生的体育兴趣,也可多与学生进行交流。在体育教学过程中,教师应经常有意识地创设具有一定情绪色彩和形象生动的具体场面,以引起学生的态度体验,应善于提出体育问题,创造体育情景,激发学生体育思考。

(二)积极推进体育课程改革

体育课程改革必须做到以培养学生体育兴趣、体育能力及创新精神为核心,为终身体育奠定基础,这是各国体育课程改革的一个共同趋势。构建适应素质教育的体育课程体系,从宏观上讲,主要内容有三点:课程目标的科学化、教学内容的多样化、课内外的一体化。理论知识与运动技术相结合,提高体育理论知识的学习比例。合理安排运动技术的教学内容,改进体育教学方法,提高体育教学过程的效果。强化体育教学改革,体育课程改革与体育教学并重,应强调以课程为中介的教与学互动原则,通过教师、学生、教材等三者之间的互动行为过程,发挥课程的最大潜能,提高师生的积极性,采用灵活教学方法技巧,提高体育学习效果。

(三)加强学校体育文化建设

学校体育文化是学校体育物质文化和活动文化的总称,包括:学校体育环境、体育设施、体育资源、体育教学活动、课外体育活动以及体育氛围等,对学生体育学习具有重要影响。因此,学校应大力加强体育文化建设,创造优良的体育学习环境,提高学生体育学习的积极性、主动性,促进学校素质教育的健康发展,全面提高学生的体育学习能力。

参考文献

[1]艾安丽.体育与健康学科知识与教学能力教程[M].长春:吉林大学出版社,2022.

[2]艾丽,张平.新时代大学体育运动与健康教程[M].北京:清华大学出版社,2022.

[3]曹宏宏.高校体育与健康课程教学实践改革研究[M].长春:吉林出版集团股份有限公司,2018.

[4]陈宏生.体育与健康课程的实施对策研究[J].新课程(上),2010(9):36.

[5]段秋霞.我国体育(与健康)课程实施现状与对策研究[J].都市家教(下半月),2010(4):7-8.

[6]房冬梅,宋桦.高等院校公共课教材大学体育与健康教程[M].南京:南京师范大学出版社,2021.

[7]高立群,王卫华,郑松玲.素质教育视域下大学生体育教学改革研究[M].长春:吉林人民出版社,2019.

[8]郭志勇.大学体育健康教程[M].西安:西安电子科学技术大学出版社,2022.

[9]黄麒,张广俊,刘亮.大学体育新教程[M].苏州:苏州大学出版社,2022.

[10]季浏,钟秉枢.义务教育体育与健康课程标准2022年版解读[M].北京:高等教育出版社,2022.

[11]黎年茂,韦江华.大学体育与健康教育[M].北京:北京理工大学出版社,2022.

[12]李海英.新时代高校体育教学的多维研究与运动教育模式探索[M].北京:人民体育出版社,2020.

［13］李娟.普通高等学校公共体育新形态教材大学体育与健康［M］.北京:高等教育出版社,2021.

［14］李龙云.体育与健康课程实施策略研究［J］.当代体育科技,2021(3):132－134.

［15］梁方达.浅谈体育与健康课程的实施［J］.最漫画(学校体音美),2018(24):97.

［16］刘革平.基于核心素养下体育与健康课程的实施研究［J］.新课程教学(电子版),2022(21):6－7.

［17］刘建进,沈翔,唐芳武.大学生体育运动［M］.青岛:中国海洋大学出版社,2022.

［18］石先彬,汪正法.体育健康与职业素养［M］.北京:人民邮电出版社,2022.

［19］宋雷.高等院校人文素质教育系列教材大学体育与健康［M］.北京:清华大学出版社,2022.

［20］文海泳.体育与健康课程实施现状与对策［J］.教育科学(引文版),2017(8):105.

［21］吴倩雯.《体育与健康》课程实施研究［J］.广东教育(教研版),2006(4):23－24.

［22］吴雪瑜.体育教学改革与训练研究［M］.长春:吉林出版集团股份有限公司,2022.

［23］邢姗姗.体育与健康课程实施策略研究［J］.拳击与格斗,2016(12):60.

［24］杨文轩,张细谦.体育与健康课程实施模式探索［M］.北京:高等教育出版社,2015.

［25］杨艳生.体育教学改革与创新实践研究［M］.长春:吉林人民出版社,2021.

［26］杨远波,周正宏.普通高校体育选项课教程［M］.成都:西南财经大学出版社,2022.

［27］张军,张玉霞,郝春燕.体育与健康课程实施的建议［J］.体育风尚,2018(5):206.